文普
化华
PUHUA BOOKS

我
们
一
起
解
决
问
题

说得漂亮

万万姐 著

如何说，别人才会听

人民邮电出版社
北京

图书在版编目（CIP）数据

说得漂亮：如何说，别人才会听 / 万万姐著. --
北京：人民邮电出版社，2024.6
ISBN 978-7-115-64384-1

Ⅰ. ①说… Ⅱ. ①万… Ⅲ. ①心理交往－语言艺术－
通俗读物 Ⅳ. ①C912.13-49

中国国家版本馆CIP数据核字(2024)第092159号

内 容 提 要

职场的弯路大多和沟通有关，不敢说、不会说、不想说是很多职场人士的痛点。本书的目标是帮助职场人士建立对沟通的正确认知，了解职场沟通的基本规律，掌握有效的沟通方法和技巧，让大家成为一个干得好也混得好、立得住也吃得开的人。

要想解决痛点、突破困境，我们首先要改变认知；改变认知后，我们还要精准实践。本书分为核心认知篇和场景实践篇。核心认知篇从平行沟通、向上沟通和向下沟通 3 个方向，讲解了不同角色对职场高效沟通的正确认知；场景实践篇结合 15 个常见的困难沟通场景，讲解了实用的技巧、话术和方法，帮助大家有效、快速地实现沟通目标。

本书适合想要学会职场沟通技巧、收获尊重和人缘的新员工，想要提升职场沟通能力、得到领导重视的老员工，以及想要赢得下属信服、让组织效能最大化的新手管理者阅读与使用。

◆ 著　万万姐
   责任编辑　王一帜
   责任印制　彭志环

◆ 人民邮电出版社出版发行　　北京市丰台区成寿寺路 11 号
  邮编 100164　电子邮件 315@ptpress.com.cn
  网址 https://www.ptpress.com.cn
  三河市中晟雅豪印务有限公司印刷

◆ 开本：880×1230　1/32
  印张：9　　　　　　　　　　　2024 年 6 月第 1 版
  字数：200 千字　　　　　　　　2024 年 6 月河北第 1 次印刷

定　价：59.80 元
读者服务热线：（010）81055656　印装质量热线：（010）81055316
反盗版热线：（010）81055315
广告经营许可证：京东市监广登字20170147号

学会沟通才能玩转职场。欢迎大家打开这本书，它是为深受职场沟通和人际关系困扰的朋友准备的。如果有人内向被动、不够自信，总是在人际交往中退缩；如果有人简单直率、总是得罪人，在职场费力不讨好；如果有人清高，只专注做事、不屑于人情世故，怀才不遇，这本书一定可以帮助大家。

20多年来，我一直在做靠说话谋生的工作。从1999年进入中国传媒大学播音与主持艺术专业开始，我就在研究如何说好话，以及如何让别人说好话。在近20年的主持生涯里，我和上千位各行各业的职场人士沟通、深谈后，越来越意识到说话对一个人的发展、成就和幸福感有着巨大的影响。说不好话，别人难受，自己更难受。

说话，是正常人都掌握的技能。但把话说好，把话说得能给人生增光添彩，是少数人掌握的技能。而把话说好和天赋、性格没有太大的关系，是可以通过练习获得的技能。就像做饭一样，没人天生就会，高手也是通过练习熟能生巧的。遗憾的是，很多人不认为自己可以做到，一辈子都在吃不会说话的亏。"会干的不如会说的"，这实际上是一句提醒，大家别让这句话成了自己职业生涯的总结和抱怨。在现实中，大多数会说的人不是不会干，而是不需要所有事都只靠自己埋头苦干。

其实，说得好不是最终目标，我们的最终目标是通过沟通提升工作效率、改善人际关系、实现职场发展，让付出和回报呈正比，不让自己在内耗、憋屈和不甘中度过几十年的职业生涯。而想要说得好，不能从说开始改。说话是思想的表现形式，是行为。说得好的基础是改变影响表达的思维模式。所以，我要先讲一下不会沟通的三个常见误区，这是我带了上万名学员后总结出来的。

误区 1：不知道该说什么，想要标准答案。这本书不是只教大家说什么，而是让大家明白为什么要这样说。因为沟通是没有标准答案的，只有做到知己、知彼、知境、知机，我们才能真的把话说好。我们在沟通时要根据不同沟通对象的性格、背景、角色，不同的环境、场景、时机，不同的需求、目标等做有针对性的调整。

很多人说不出套路化的话术，或者说了后效果适得其反。话术有用，但它只能作为参照和借鉴。我认为，想成为善于沟通表达的人，靠死记硬背标准答案是行不通的。其实说哪句话不是最重要的，说什么源于我们为什么要说，源于我们是否掌握沟通的底层逻辑，是否了解高效沟通的原理，是否理解职场中人性展现出来的特点。在理解这些内容的前提下，我们按照自己的语言风格去表达，才能轻松自然地展示自己，达到沟通目的。我们要做的是打破过去的认知，暂时放下脑海里类似于"我不行，我没错，别人有问题"的结论。最让人难受的不是改变本身，而是对改变的排斥和对抗。

误区2：性格使然，不擅于沟通表达，没法处理好人际关系。性格决定命运，可能有的朋友会认为：我无法改变性格，只能如此。千万别认命认得太早！你不需要改变性格，只需要优化自己的言行模式，因为别人是根据你的言行模式来判断和回应你的。这就是心理学者常讲的一句话："别人怎么对你，都是你教的。"

如果你平时表现得胆小、怕得罪人，那对方可能会没有任何顾虑和成本地对你说难听的话或把责任推卸到你身上，反正你也不会回击。如果你平时很强势，说话总要占上风，那慢慢地你听到的真话会越来越少，甚至没人会告知你一些重要的信息，因为和你说话让对方的感觉不好。如果你平时清高，看不上周围的人，不爱搭理他们，那别人肯定会慢慢疏远你，毕竟谁也不想自讨没趣。所以，你的言行模式决定了你在别人眼中的性格。

例如，我是一个很内向的人，非常喜欢独处，但接触过我的人都认为我很外向和健谈。他们不需要知道我的真实性格，因为我和对方交往只是为了完成工作，保证给对方留下好的印象和感觉就够了。

有的朋友可能会问："过去已经给别人留下了不好的印象，该怎么办？"答案是不要担心，你依然可以改变。

因为人是会成长和变化的，当新的言行模式持续稳定后，别人会改变对你的看法，也会调整和你相处的模式。

误区 3：减少沟通，远离人际交往一定可以减少人际消耗。很多人是这样做的，但他们可能已经感觉到了，结果并不如意。为什么？因为这些人没能看清职场的本质。职场本质上是一个创造价值、分配利益的场所，而创造价值就需要有能力强、懂合作的人。业务能力弱的人在沟通上一定处于劣势，人际关系也不会太好，因为谁都不希望在工作中有一个拖后腿的队友。业务能力强，但是不懂合作的人也很难被提拔，因为这种人没法让组织的利益最大化。

组织之所以存在，就是因为合力比单打独斗能创造更大的价值，不会沟通必然影响工作效率和结果。而且，管理工作对沟通能力的要求更高，管理者需要上下沟通、左右协调。如果你不具备沟通能力，只能永远在基层做执行者。所以，大家要想在职场发展，学好沟通表达、处理好人际关系根本不是选择题，而是必答题，还是决定你最终成绩的大题。

　　总而言之，职场中的沟通表达就是既要积极合作，又要敢于竞争；既要保护好自己，又要展示自己。大家别担心做不到，本书会从两大方面给予支持。核心认知篇会带大家了解职场沟通的底层逻辑，让大家面对不同的人、不同的场景能够看得透、拎得清。场景实践篇会带大家了解不同的困难沟通场景，教给大家解决办法。剩下的事就是身体力行了。

目录

核心认知篇

第一部分　读懂同级

场景实践篇

目录

核心认知篇

核心认知篇关注的是如何理解职场沟通的目的、如何看待职场沟通中出现的障碍、如何从底层思维寻找突破障碍的方法。本篇将分别讨论如何与同事、领导和下属相处。

同事、领导和下属是我们在职场生涯中打交道最多的对象。沟通得好，人人都是队友；沟通得不好，身边都是对手。核心认知篇会帮助深受关系困扰的朋友打开心结。你不必伶牙俐齿，更不用八面玲珑。你要做到的是看懂关系价值、读懂言行模式、提升沟通效率。记住，不必追求说话快、说话多，而要追求说得准、说得巧。

第一部分

读懂同级

沟通效能的最大化：基本动作"三二一"

要提升职场沟通的能力和效果，最重要的是建立正确的认知。而要建立正确的认知，我们必须认清一个最根本、最重大的问题：职场沟通的目的是什么？

在心平气和、头脑冷静的时候，很多人或许可以想到，我们之所以要在职场费心费力、费口费舌，就是要把事情办成，让大家能够比较愉快地合作。因此，正确、高效的职场沟通，根本目的在于效能的最大化。

"效能"这个词其实就是指我们可以发挥的"作用"。职场沟通的根本目的在于把自己的作用最大化地发挥出来，将作用转换成价值，并带来实实在在的收益。事情办成，职位提升，这是收益；同时换来自己应得的经济回报，这也是收益；如果还能借此拓展更多的机会，那更是收益。

要达到这个目的，我们真正应该坚持的原则是"不用与人人交好，但也不要与任何人交恶"。在职场，我们不需要和每个人都非常要好。但是请记住，我们也不能与任何人交恶。既然职场沟通的根本目的是效能的最大化，那为什么要与人为敌呢？和必须共事的人交恶，只会限制我们发挥能力，限制我们把能力转换为价值。

我们应该如何做才能让这个原则真正落地？我给大家讲三个我认为非常重要的基本动作。

第一，区分三种人。

不管是在工作中，还是在整个人生中，每个人都会遇到三种人：支持者、反对者和中立者。我们也可以用更平常的话语体系来表达：喜欢我们的人，不喜欢我们的人和对我们无所谓、不在乎的人。

这样的结论是有科学依据的，实际上是和人群中的正态分布有关。例如，在某个单位中，工作特别差、表现特别糟的员工大约占20%~30%，表现特别好的员工也占20%~30%，那么中间部分即表现普通的员工就占40%~60%。如果以关系好坏为标准来考察周围的人，那么喜欢我们的人、不喜欢我们的人和介于两者中间的人，大致会是同样的比例。这听起来可能有点残酷，却是大家都要面对的现实：不是所有人都喜欢我们。既然如此，一个更重要的问题就出现了：在职场沟通的过程中，应该如何对待这三种人？也就是说，我们要如何分配自己的时间和精力来分别对待这三种人？

其实，最重要的是第一步是将这三种人区分开。我们先要找到喜欢我们的人，即支持者；其次要明确不喜欢我们的人或总是出来捣乱的人，即反对者；剩下的那部分人就是中立者。

将周围的人明确划分到不同的集合后，接下来才是分配精力。但我们绝不能平均分配，而要将主要精力放在维护与支持者的关系上；然后团结中立者，尽量把更多的中立者变成支持者；最后才需要对付反对者。对于反对者，我们学会控制就行了。

所谓控制，不是如临大敌，拿出大部分甚至全部精力去盯着他、防着他。我们只需用余光注意到反对者的存在，意识到他们有可能给我们带来麻烦，做好一些准备就行了。总之，我们应该将更多的精力放在支持者和中立者身上，这种消耗叫"花费"；如果把大把的时间用在反对者身上，这种消耗叫"浪费"。

如果有人心里总是感觉气不过，总想跟反对者拼个你死我活，可以看看我是怎么劝自己的：一方面，我不可能改变所有的反对者，让他们全都变成支持者，反对者永远都会存在，任何人都是如此；另一方面，在反对者身上投入的时间不可能给我带来太多的收益。所以，更理性的做法是稍微用点力气，控制住局面，让更多的精力、更好的资源流向支持者。

这是第一个基本动作：区分三种人。不要期待让所有人都喜欢自己，这是非常错误、幼稚、不切实际、没有意义的想法。

第二，接受表面关系，拓展深度连接。

什么是表面关系？简单地定义，表面关系就是双方为了各自利益而不得不维持的一种沟通关系。换句话说，为了生存的需要，大家没办法彼此分开、必须维持的沟通关系就是表面关系。

在职场中，我们往往没有选择权，和谁共事不是由我们决定的。团队里面可能有合得来的人，也可能有我们看不惯、不喜欢，甚至讨厌的人。但是，很多时候大家必须沟通和合作，要一起完成任务。既然如此，大家就必须维持一种友好的关系，哪怕仅仅是表面的。如果有人特别讨厌某个人，但又必须和对方合作，就更应该深刻地理解表面关系的定义，而不是被讨厌的人影响情绪，从而影响自己的利益。

当然，说起来容易，做起来难。我们如何做才能维持这种表面关系呢？大家务必记住一个重点：要让沟通本身符合双方的需求，达成共赢。以我自己为例，我在做访谈节目的时候认识了一位人际关系很广的嘉宾。他是侃侃而谈型的人，说直白些，他给人的感觉有点"假大空"。从个人感受来说，我不欣赏这样的人，但是我不喜欢的方面也恰巧是他的一个优势。因为善谈，他在行业内积累了大量的人际关系，而我恰巧又正在制作一档需要大量嘉宾的节目。所以从效能的角度考虑，我开始和他合作。这个合作是双赢的，他给我介绍嘉宾，能够上节目成了他的一个资源，而我可以节省大量的精力和时间去寻找和了解嘉宾，专心做好节目。其实，这类共赢式的表面关系非常多。只要合作的收益大于单打独斗，我们就应该选择合作。只要满足共赢的局面，合作就可以持续。大家不必过多地考虑其他因素，也不必过多地表现出自己的情绪。所有与达成目标无关的动作和心情都是多余的。

有些性格耿直的朋友或许不太能接受这种关系，觉得这是不是太虚伪了，我为什么要做一个虚伪的人呢？从某种角度来说，表面关系的确是"虚伪"的，它并非理想的人际关系。但是，生活中足够理想的事情又有几件呢？

表面关系可能不够真诚，但并不涉及任何双方合作范围之外的活动。它只涉及我们的工作，不涉及我们的生活、人品，以及为人处世的方式和原则。表面关系与真正的朋友关系相去甚远，可它只是以双方最后都能获利为目标，不以伤害他人为目的，这实际上是一种共赢的模式。我们维持这种关系，只是为了把事做成，让沟通的效能达到最大化而已。即使表面关系真的比较"虚伪"，在我看来，这也是一种无伤大雅的虚伪，是在更高目标之下的一种有意义、有担当、有气度的选择。

无论是在职场上与人交往，还是在生活中交朋友，我们和不同的人都是在彼此的交集里面相处的。这就好像你是一个圆，他是一个圆，一起交往的部分就是你们相交的那个鱼形椭圆。面对工作中不喜欢的人，我们要记住，自己和他们的交集仅仅涉及工作的那一小部分，大家做好各自该做的事情，然后回家过好自己的生活就可以了。

不过，在职场只有表面关系还不够，另一种关系也很重要，那就是深度连接。深度连接是指可以频繁、深入地进行交流的人际关系。深度连接的关键特征是"深度"，只有双方经过初期的自主选择和长期的多次交往，彼此之间建立信任，愿意在一起做事，期待创造更大的价值，才算真正建立了深度连接。

在尝试建立深度连接时，我们不需要再像维持表面关系那样，无奈地做一些不喜欢的事。设想一下，如果你准备开创一个项目，需要选择合作伙伴，你会考虑谁呢？有些人会被坚决排除，有些人会被优先考虑，那些排在前面的人就是已经或可能和你建立深度连接的人。

不过，与存在深度连接的伙伴交往时，我们也要掌握合理的分寸，最重要的是学会抓大放小。有些朋友总带着一种非常天真的心思，希望自己看重、信任或喜欢的人能在各个方面都和自己保持一致，能在所有事情上都与自己达成共识，这是非常幼稚的想法。

深度连接不是全面连接。即使是"深度"，"连接"依然要在彼此的交集中进行。在这种情况下，双方的鱼形椭圆可能会比表面关系中的鱼形椭圆大得多，但绝不可能完全覆盖某个单独的圆。不要忘记，我们谈的是职场沟通，不是朋友之间的沟通——哪怕是朋友之间，交集也相当有限。在通过深度连接建立人际关系时，重要的不是彼此的交集有多大，而是双方能够彼此尊重，共同找到一个合适的节奏和距离，然后持续而同步地发展关系。

　　无论和谁交往，大家一定要保持求同存异的心态。如果做不到这一点，我们在人际交往中一定很心累，一定经常觉得不顺心、不如意。其实，这就是由彼此之间的差异造成的痛苦和消耗。人和人是不一样的，每个人都有自己的边界。就算我们和另一个人十分亲密和熟悉，也要把握好分寸。如果两个人真的到了不分你我的地步，往往也该闹掰了。

　　所谓深度连接，是指在保证个人独立性的前提下，再与对方深层次地建立连接。从一定程度上讲，所有的深度关系都有表层的一面。同样的道理，表面关系的深度再浅，也都有一定的深度。在这样看似矛盾的认识中，对有些人努力接受表面关系，对有些人努力拓展深度连接，正是职场高效沟通的两个基本动作。

第三，要提升自己对人际关系的敏感度。

　　适应变幻莫测的人际关系需要情商始终在线，而任何时刻情商都不能掉线就是人际关系敏感度的体现。既然是沟通，那当然是双向的。我们不能只做自己认为好的自己，还要看懂别人想要成为的那个别人；我们不能只说自己认为对的话，还要说符合所在环境和通行规则的话。我自己经常念叨和琢磨这句话，希望大家也能经常用这句话提醒自己。那么在具体情况下，我们如何培养这种敏感度呢？

首先，要明确自己的角色，遵守人际交往中的既定规则。

例如，我们在工作上遇到了麻烦，去找领导解决，领导说："我也没办法，你和我说也没用。"听到这样的话，我们一定很失望。

我们是带着希望去找领导的，但他表现出来的这种态度完全是不负责任的。领导的职责本来就是协调上下、克服困难、改进工作。面对下属的困难，他说自己没办法，就是没有承担起领导应该承担的责任，也就是没有明确或没有进入自己的角色。

同理，对于同级的同事，如果我们因为工作上的事情找对方，结果对方说："我不管，我就是不想干。"这也是一种角色认知的混乱，"我不管""我就不干"这样的话属于家庭中年龄较小的儿子、女儿这样的角色会说出来的话。在职场中说出这样的话本身就会破坏同事之间的工作关系。

再如，一个客服人员跟自己的客户抱怨说："你凭什么投诉我？这事能赖我吗？我也没有办法。"客服人员的角色职责就是服务好客户。如果他们不理会客户的诉求，反而推卸责任，这就是没有认清自己的角色、没有做好自己的工作的体现。

所以，要想在处理工作关系时恰到好处地拿捏分寸，我们就必须明确自己的角色是什么。不要把职场之外的角色才能说的话拿到职场中说，不要把不符合角色的态度带到沟通中。既然处在某个角色下，我们就必须承担起应该承担的责任，而不是内心想怎么样就怎么样，这就是职业化。

在职场角色中，我们还要和同样处于角色中的其他人维护好关系。对于上级、同级、前辈等，我们都要做到态度得体、行为得当。

其次，要充分理解他人的想法。

我有一个学员大学毕业后就进了一家企业，很受当时的领导赏识，一路被提拔成中层干部。后来，这个领导升职，被调到其他部门去了。他觉得同事们一直对他高看一眼，所以在人际关系方面就没有太上心。有一天下班后，他还在座位上写东西。原来是已经升职的老领导有个文件找他帮忙翻译。新调来的领导看他在忙碌，就问他在做什么。他想都没想就如实说了。没想到新领导马上变了脸色："你的本职工作干完了吗？你那天交的资料有很多地方写得不好，你为什么不改？要是真的很闲，我建议你先把分内的事做好。"

他一下子就愣住了。事后他跟同事聊天时才知道，原来新调来的领导和那位老领导之间是有一些矛盾的。由于他对人际关系的敏感度不高，没有思考新领导是什么样的人，跟前任领导是什么关系，就随意地展示出自己和老领导的关系，所以才导致新领导生气。

究其原因，就是这位学员没有充分理解新领导的想法，没有认识到新领导对自己角色的需求。新领导站在他的立场上，认为自己的下属就应该为本部门工作，于是他可能会想：你不做我安排的事情，加班给别的部门工作，看来你并没有把我放在心上。

经过这件事，这位学员才意识到自己对人际关系太不敏感了，还是应该多考虑别人的感受。这就是我要讲的提升人际关系敏感度的第二点，我们要充分理解他人的想法，认识到别人对我们的角色有什么需求。

最后，要学会适应环境。

有些朋友来到新的环境，或者进入新的单位，会有一段适应期。哪怕只是新调来一些领导或同事，有些人可能也需要适应一段时间。这其实很正常，但我们绝不能掉以轻心。

不知大家有没有接触过一些外企的员工？我之前有位学员就跟我抱怨过，说另外一位学员说话假惺惺的，老夹着各种英文单词，他感觉很讨厌。实际上，我以前也有过类似的感受。当时我也觉得，为什么这些人说话要加这些英文？既然大家都是中国人，为什么不能好好说中文？

直到去美国留学回来后，这个偏见才有所改变。我去美国留学三年，刚回来那会儿，我发现自己说话也总是不由自主地夹带英文！这是怎么回事？我在国外学的是经济学，在国内并没有接受过这一块的教育，所以对于专业名词，我先学的英文表述，后来才知道它们的中文表述。在使用这些词语时，我的第一反应实际上是最早进入脑海的那个说法，这对当时的我来说就是英文。所以刚回国的时候，我会习惯性地把这些英文夹杂在中文里。我知道自己不是为了炫耀，就是大脑当时没有转换过来。但也因为这件事，我意识到自己以前的看法是有偏见的。

当然，我相信的确有一些虚荣的人。但是，如果我们初次进入某个环境，接触到有这种习惯的人，可以尝试从不同的角度理解。我们可以模仿，也可以拒绝，但不要因为别人这么说而简单粗暴地抱有极大的反感，甚至给人际关系和沟通表达造成障碍。既然我们入了乡，就要学会随俗。先了解、适应这个环境，如果其他人都用某种方式沟通，我们就跟着用，这样才可以更快融入团队。所以，我要再念叨一下前面那句话：我们不能只做自己认为好的自己，还要看懂别人想要成为的那个别人；我们不能只说自己认为对的话，还要说符合所在环境和通行规则的话。当然，当我们有了一定的影响力，可以自主表达观点时，就可以对别人释放影响力。

作为全书的第一节，本节主要想让大家明确职场沟通的根本目的，也就是要追求个人效能和价值转化的最大化。而要达到这个目的，就得做好三个基本动作：

第一，要正确地识别并区分对待三种人，即反对者、支持者和中立者；

第二，要建立两种关系，接受表面关系，同时注意拓展深度连接；

第三，要提升自己对人际关系的敏感度。

认清四类沟通对象

　　很多朋友说自己不会察言观色，不知道怎么跟不同的人打交道。自己明明很认真，很用心，很坦诚，结果总是不尽如人意。那么第二节要讲的就是如何快速学会跟不同的人沟通。

　　这种沟通困难很常见。和不同的人打交道就是很困难。因为我们要面对不同的人。这个世界上，每个人的背景不同，认知不同，成长方式不同，脾气性格也不同，真的是千人千面。也就是说，针对不同的人，我们要分别找到合适的沟通方式，要朝着有效达成沟通目的的方向调整自己的沟通方式。

但是，我们不可能掌握一千种不同的沟通方式，可以向科学家学习，把一千种不同的人简化。我有一个非常简单有效的办法，即借助两个维度，把人分成四类。我们认清四类沟通对象，分别掌握对应的沟通方式，就足以应付大部分职场沟通了。掌握一千种沟通方式太难，但掌握四种沟通方式就比较简单了。

第一个划分维度是关注点，他是关注人还是关注事。

职场中不同的人会有不同的关注点，有的人更关注事，有的人更关注人。根据这种差异，我们可以把人分为两类。

什么叫关注人？就是在交往、沟通的过程中，相较于事情本身的对错和结果的好坏，有些个体更关注人。他们特别在意其他人的感受，注重和其他人关系和感情的好坏。这样的人通常比较感性。还有一种人是非常理性的，他们更在意事情本身的是非曲直，更注重做事的结果，更看重能不能从这样的结果中受益，而不是对方会有什么感受。

第二个划分维度是性格，他是外放型还是内敛型。

外放型的人似乎浑身都是能量，并且不断向外释放能量，所以他们看上去比较自信。这样的人在沟通中会比较主动。在各种场景下，他们都是愿意出面控场，而且善于控场的人。他们往往比较果断，做决策比较快，但是性子会比较急。

内敛型的人正好反过来，在沟通中不是特别主动，比较关注细节。他们往往是含蓄、谨慎的，在做事情、做决策的时候会比较沉稳，所以效率会低一些。这类人不会轻易全面展示内心的真实想法。

根据上面两个划分维度，我们可以把职场中的沟通对象分成四类，如图1-1所示。

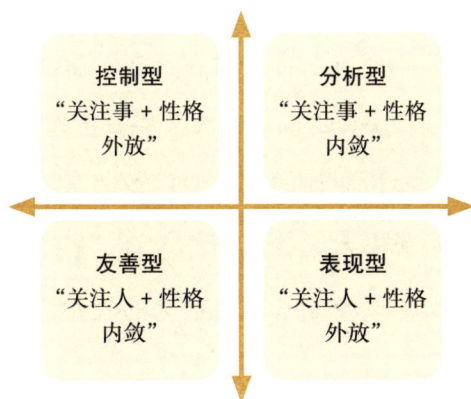

控制型 "关注事＋性格外放"	分析型 "关注事＋性格内敛"
友善型 "关注人＋性格内敛"	表现型 "关注人＋性格外放"

图1-1　职场中的四类沟通对象

（1）控制型："关注事 + 性格外放"

既关注事情本身又性格外放的人，在职场中表现出来的态度是理性和热情的结合，我们称其为控制型沟通对象。

控制型沟通对象能量充沛，又不太关注人，在和别人沟通的时候一般会比较强势。他们不太顾及别人的感受，又特别自信，特别喜欢坚持，总是牢牢占据主动地位。这种人是以目标为导向的，不太在意过程中的某些细节，特别注重结果。

跟这种类型的同事沟通，我们一定要开门见山、直奔主题。因为他们更关注结果。无论我们在细节方面准备得多么充分，都应该将其放在一边，简洁明了地说清楚事情的结果。这其实也可以大大提升工作效率。另外，我们也不要总想说服他们。他们在意的是结果，我们不可能说服他们放弃本来就已经计入自己囊中的收益。多谈事情的结果，以及能给团队带来的收益，才会让他们更感兴趣。

和这种类型的同事交往，我们要做好一定的心理准备，注意忽略对方的态度和语气。这种类型的人控制欲强，有时候会过于强势。我们不要觉得他们是在看不起或专门针对自己。其实，他们没有这样想，因为这些细节根本不在他们的关注范围之内。我们要做的不是花费大量的精力跟这种态度对抗，而是忽略他们的语气和态度，然后拿出结果和收益打动他们。我们不必太玻璃心，不必争论和指责，坚持自己的立场，拿出自己的诚意，贡献自己的才能，让团队达成目标，大家一起分享收益就可以了。

遇到这种类型的客户也很好办。我们不要绕圈子，而要尽快想办法准确了解对方的需求。我们可以直接问："您是不是有什么顾虑？您是不是有什么要求？"直接让对方说出自己的顾虑和要求，然后给他们一个结果，正是他们喜欢的方式。

总之，在和控制型沟通对象交流时，我们不要太走心，不要总生气，用高效的沟通方式，把握好结果就行。

（2）分析型："关注事 + 性格内敛"

如果一个人既内向又倾向于关注事情本身，我们称其为分析型沟通对象。

分析型沟通对象一般比较沉稳、严肃，喜欢严谨地分析，总是就事论事，即使泰山崩于眼前也会表现得比较平静，甚至有些冷漠。他们不喜欢主动凑上前，和其他人表现得特别亲近，也不会轻易相信别人。他们可能不会主动提出某些意见，但是心里一定会有自己的看法，并且非常坚持。

跟这种类型的同事交流，我们首先要保持一个合适的节奏，不能急于表现。因为对方看重的是事，不是我们这个人。对方注重理性分析，我们表现得热情如火对他们来说并不是什么加分项。正确的做法是适当保持距离，没必要上赶着套近乎。

既然对方是严谨的人，我们也要谨言慎行。对于其他大大咧咧的人，我们说错点什么没关系，大家笑一笑就过去了。但对于分析型沟通对象，如果我们这次说的话和上次说的话对不上，或在某个关键的专业细节上露了怯，对方就会在心里觉得我们不靠谱。如果明明知道自己哪方面不严谨或哪部分有所欠缺，而对方又是严肃认真的分析型沟通对象，我们就要特别注意藏拙。

要想说服分析型沟通对象，我们要在细节和事实方面做好充分的准备，真正做到有理有据、以理服人。

分析型沟通对象既注重细节，又注重事实；既要求条理清晰，又要求准确严谨。所以他们肯定比较严格和挑剔。但是，我们也应该认识到，那些严格和挑剔并不是专门针对我们的。

（3）表现型："关注人 + 性格外放"

把"关注人"和"性格外放"组合在一起，就构成了第三类人的特征，我们称其为表现型沟通对象。

表现型沟通对象一般都比较自信，而且非常热情。一方面，他们好交朋友，喜欢交际，和人交往时很有感染力。另一方面，他们特别希望能够得到其他人的关注，比一般人对这种关注的需求更高，这也意味着他们肯定会爱面子。

对于这样的人，我们只要对其表现给予肯定和认可，他们就会很高兴，也很愿意和我们交流。和表现型沟通对象在一起时，我们要多给对方创造表现的机会，多给自己创造夸奖的机会。聊天的话题要尽量积极一点，注意回避消极、负面、伤感的话题。

表现型的人通常比较粗枝大叶，有时候说话不太讲逻辑，办起事来也可能丢三落四。作为和他们平级的同事，我们在享受对方积极阳光的一面的同时，也要宽容他们不靠谱的一面。

还有一点要注意，特别外放的人的状态起伏会更大。他们高兴的时候当然情绪高昂，不高兴的时候不仅自己心烦意乱，还会把这种负面情绪外放出来，而且他们的负面情绪比一般人更强烈。这时候就要考验我们的定力了，"他乱由他乱，他哭由他哭"，那都是他的事，我们不必为此负责，做好自己的事情就行了。过不了多久，他那边自然会雨过天晴。

如果身边的同事是表现型沟通对象，那其实挺好的。对方大大咧咧，双方的相处也是有说有笑的。这时候如果我们再对他多加表扬和宽容，双方的关系自然是好上加好。如果双方同在一个小团队里，当对方因为粗心大意而犯了错误时，我们应该适时地予以提醒，别让团队的事情受到影响。

如果领导恰好属于表现型沟通对象，我们就要给他最想要的赞美和认可，而且要给最具体的赞美和最由衷的认可。要多多夸奖表现型的人并不意味着要刻意地吹捧，而是要有意识地发现对方的优点，并真诚地表达出来。

如果客户是表现型沟通对象，那就更好办了。我们就保持一个原则：使劲夸。这类客户在做购买决策时往往比较冲动，只要我们能让他们心情愉悦、面上有光，一切都好说。

（4）友善型："关注人 + 性格内敛"

把"关注人"和"性格内敛"结合在一起，就构成了第四类人的特征，我们称其为友善型沟通对象。

在四类沟通对象中，友善型沟通对象是最敏感的。友善型沟通对象在和别人沟通时会表现得比较善解人意。他们往往不会非常主动，给人的感觉可能不够积极。他们不喜欢大场面，不适应一堆人的交流发言，更喜欢一对一的交流。他们也不会轻易表达自己真实的情感，但内心深处又非常敏感，可能会有很多感触。

和这样的人交流，我们不要给他们过多的压力，强势地压制他们是得不到什么好结果的。他们可能会表现得慢一些、缓一些，但一定有自己的节奏。另外，我们也不要觉得这类人不主动、不积极，就可以很容易被说服。正相反，因为他们有自己的想法、原则和立场，反而不容易被说服。跟他们交流的时候，我们不能过于积极地表现，不能太急切地争取他们的信任和认可，而是要和他们一样放慢节奏，自己少说，多鼓励他们表达。

如果领导是友善型沟通对象，可能有人会觉得特别好。领导对谁都不太管，看起来特别宽容。但我们要知道，友善型沟通对象内心的原则是非常坚定的，他们通常不会直接说出来，显得挺宽容，而要想真正获得他们的信任，我们还需要更耐心地与之沟通，更频繁地好好表现。

如果身边的同事是友善型沟通对象，我们又想成为一个人缘好的人，一定要注意争取他们。他们不会特别积极地对外输出观点，不会攻击别人，也不会直接强烈地支持某个人，往往只是保持中立。那我们应该怎么争取呢？其实也不难，只要多关注他们的感受就行了。虽然他们表面上不说，实际上也很在乎别人是不是关注自己。多跟他们聊聊天，就可能给他们带去温暖，然后互相建立信任，自然可以慢慢走得更近。

跟友善型沟通对象打交道时，我们不能太强势。首先，人家内心有自己的原则，我们强势了也不一定有好的效果。其次，我们太强势带给其他人的感觉肯定不好。一个所有人都觉得友善、不怎么表达自己观点、也不怎么反对别人的人被我们强势对待了，其他人会觉得我们在欺负人。

如果客户是友善型沟通对象，我们也不要掉以轻心。实际上，这样的人一方面内心有自己的想法，另一方面嘴上又不忍拒绝。这会把双方的沟通周期拉得特别长，我们花费了时间，最终可能还是难以说服对方。和这样的客户接触，我们首先要站在对方的角度考虑原则上有没有合作的可能。如果没有，我们就趁早放弃；如果有，我们就认真考虑一下目前的障碍是什么。如果我们暂时解决不了障碍，就多一点耐心，多理解对方的顾虑，想办法鼓励他们直言相告，这样反而会节省很多沟通时间。

我们不仅可以把其他人划分为这四类沟通对象，还可以审视自己。有些朋友可能会觉得自己每种类型的特征都符合一点，这完全可能。因为四类沟通对象只是简化之后的大致画像。所谓千人千面，我们不可能被完全精准地划分到某种类型里。要识别某人属于哪种类型，我们要看最主要的特征。抓住主要特征就抓住了主要矛盾，也就足以应对主要问题。

当我们了解了不同类型的沟通对象后，除了可以按照对应的沟通方式沟通，还要注意一个基本认知。很多时候，如果我们感觉自己不喜欢对方的沟通方式，讨厌对方的态度与表达，甚至能感觉到对方也不喜欢自己，其实问题不一定出在双方身上。这可能只是双方所属类型的特征决定双方会存在冲突。我们与其在担忧、猜疑中不断琢磨，不如从这种狭隘的思维中跳脱出来，看看对方有没有可能并不是在针对自己这个人。如果我们能明白对方不是在故意针对自己，能够心平气和地想办法解决问题，还愁找不到更合适的沟通方式吗？

破除三个负面心态：和谁都要聊得来

上一节讲了如何区分职场中的四类沟通对象，以及如何有针对性地找到合适的沟通方式。接下来，我们还要尝试了解自己。毕竟沟通是双向的，只了解别人显然不够，排除自身的障碍才可能真正实现高效的沟通。

对于很多沟通不畅的情况，如感觉自己遭遇不友善的对待、受到不公正的批评，没人愿意和我们合作，甚至没人愿意给我们指派任务，或者感觉自己总是受到打压和算计，有时候确实是对方的问题。但我们也必须承认，有时候可能是自己存在心理障碍。

根据我的观察，最常见的三种心理障碍是我们总会下意识闪现的三个负面心态。这三个负面心态并不是时时刻刻地存在于每一个人身上，但绝大部分人或多或少，或频繁或偶尔地都有这些"心魔"。要战胜这些"心魔"，我们首先要有勇气面对它们。

负面心态一：我总是不被认可。

每个人都有"希望得到他人认可"的心理需求。但是，如果对这种认可的渴望过于强烈，就会导致自己心累、别人心烦，把"希望得到他人认可"变成"我总是不被认可"。

因为感觉自己总是不被认可，所以才要拼命争取别人的认可。凡事都要讲究度，争取认可无可厚非，但这种渴望一旦发展为负面心态，我们做出的动作就会扭曲变形，效果就会适得其反。

第一种表现是过分讨好。例如，当别人提出了一个建议，你在心里觉得一般，甚至感觉不太好，但嘴上却说"挺好的""真不错"。这时候，你内心的期待是：我对你非常友善，总是积极地鼓励你，那你以后应该也会这样对我。但实际上，这种评价没什么技术含量，也没什么信息含量，又可能因为言不由衷，连基本的情绪价值也没有。所以别人也就听一听，将来该怎么对你还会怎么对你。如果对方再敏感一点，能察觉到你的过分讨好，还会觉得你比较虚伪，那对方以后还会重视你的看法吗？

第二种表现是过分疏远。陷入"我总是不被认可"的负面心态后，除了过分讨好这样的主动行为，有的朋友会出现另一种被动的心理防御机制：你们看不上我，我也看不上你们，我不理你们不就行了吗？我在第一节就讲过，每个人都需要面对三种人：喜欢我们的人，不喜欢我们的人，以及对我们无所谓、不在乎的人。如果我们因为某些不喜欢自己的人而产生了这种消极防御，那么被推开的还包括那些本来可以争取的人。

读大学时，我有一个同学总觉得其他人都在针对他，于是和大家都很疏远。我们在一个专业小组，有一次他问我："是不是只有你觉得我还行，其他同学都特别看不上我？我不和他们玩，也就和你说说话。"我对他说："你真的错了。你不知道，其实有好几个同学在背后经常提起你。他们都觉得你这个人挺不错的，很有个性。为什么他们跟你比较疏远呢？他们觉得每次和你搭话时，你都是一副不屑一顾的样子，好像很反感。人家就不好意思接近你了。"听了这话，那个同学的心结一下就解开了，后来和大家相处得特别好。

第三种表现是过分表现。因为内心深处总觉得自己不被认可，有的朋友就总想要充分展示自己，特别是在自我感觉遇到强项的时候，特别容易用力过猛。

有一次我们一群人在一起聊天，有个朋友刚开始是第二种表现——过分疏远：别人都在非常热情地互相聊天、交换信息，只有他坐在那里玩手机，对周围充耳不闻。这个时候我觉得挺尴尬的，就表示想要互相认识一下，还特意给他递了个话："你刚才在看什么？我看你看半天了，和大家聊聊呗。"

实际上我当时只是想递个话，让他加入大家的交流。结果我这个朋友太在意别人是不是关注和认可他了，于是拼命表现自己。他说："你们没学过这个专业，所以不知道。其实我说了你们也不明白，这个专业特别难，一般人根本学不了。只有经过专业训练、智商非常高、能力非常强的人才可以学。"当时的情况真是太尴尬了，连我都觉得无地自容。问题是包括我在内的周围的人都知道他的专业，那他有什么可炫耀的呢？即使有不知底细的人信以为真，觉得他的专业确实厉害，同样会觉得尴尬，会看出他用力过猛。毕竟在正常的沟通中，谁会这么吹嘘自己、贬低他人呢？

第四种表现是过分掩饰。有些朋友遇到社交障碍的时候，为了不被别人小看，会极力掩饰自己的不安：不敢抬头，也不敢接触别人的视线，就低着头默默不语，好像在思考其他事情。结果却是越掩饰越不安，越掩饰越明显。其他人不会觉得你太紧张了、需要安慰，然后主动过来帮你，反而会觉得你很不高兴，很嫌弃这个群体，不愿意融入这个场合。

有时候，我们站在自己角度的所想和所做在别人眼里可能完全是另一回事。我想提醒大家，一定要学会换位思考，对别人如何解读自己的行为有所感知，不要总是低着头被负面心态支配。

不被别人认可当然是遗憾的事情，但我们以为别人不认可，不代表别人一定不认可。我们用力过猛的表现或掩饰，也可能被别人解读成其他意思，这对我们更加不利。

负面心态二：我觉得自己不行。

经常担心自己不行的朋友总是非常紧张，时时刻刻紧绷着，所以做事情会特别努力，甚至是过分努力。努力还能过分？对，有的人因为害怕失败和出错，所以就使很多蛮力。例如，完全没有必要地反复检查和确认，不停地关注一些无关紧要的细节等都属于过分的努力。

还有一种情况是陷在失败的阴影里走不出来，总觉得自己干什么都不行。如果我们心里一直放不下曾经的失败，就会一直被失败影响。这时候，即使机会摆在面前，我们也抓不住。因为那颗脆弱的心会提醒自己，那不是机会，而是压力。

我曾经带过一个实习生，他面对已经做过很多次的工作，还会不停地说："我不行，真的弄不了，我干不好。"我说："没关系，你去试试，出了问题，我兜着。"但他还是觉得自己不行。我要反复安抚和鼓励，他才敢迈出第一步。有时候连我都会想：干脆找别人算了，何必呢？等他好不容易做好心理建设开始做事了，依旧特别紧张，害怕出错。对于每一个小步骤、小细节，他都会过来不停地问我。我过去一看，实际上他做得很好，但他自己就是不敢确信。

如果我们在职场碰上这样的同事，能受得了吗？一次、两次还可以，如果有人总是念叨自己不行，那看来他是真的不行。如果有读者曾经陷入这样的状态，一定要好好地换位思考一下对方会是什么感受。如果我们总是担心自己不行，对自己的评价就是负面的，在其他人面前表现出来的就是诚惶诚恐、战战兢兢。这会将压力传给其他人，让对方失去耐心和信任。

一个有意思的对比是职场中真正不行的人往往特别自信，就算错误被甩到脸上了依然可以振振有词。这样的人不可取，但我们也不能走向反面。我们明明能力还可以，事情也做得不错，怎么就不能抛弃过去的负担，放下焦虑，重新树立信心呢？

负面心态三：我是受害者。

受害者心态也相当可怕。本来大家都是平等的工作关系，但如果有人总觉得自己是受害者，长此以往，就真的可能成了受害者：第一，很难相信别人；第二，害怕被利用；第三，缺乏安全感。

一个疑心过重、时时刻刻想着如何小心翼翼地保护自己的人，怎么可能放松下来，跟别人进行深入、融洽的沟通呢？如果我们谁也不信，总是处于防御的状态，必然会将自己孤立在团队之外。这时候，即便有人很想与我们沟通，我们可能也会向对方寻求一种安全的保证：我是真把你当朋友，你一定要对我好。问题是，大家本来只是一般的工作关系，这样的说法会给对方造成很大的心理压力。别人会觉得，我又没把你怎么样，为什么要给你保证？既然这么累，那我干脆不跟你聊了。

受害者心态还可能带来更可怕的后果。因为有受害者心态的人不信任别人，所以和别人建立长久的关系就比较难。这个时候很可能出现一种情况：害怕破坏任何关系，于是反而可能极力维护一些有害的关系。有受害者心态的人的逻辑是如果我得罪了他，那他可能会把我伤害得更深。所以他们不敢拒绝对自己不好的人，害怕失去这段关系。

我有一个学员，他的性格比较温和，也比较敏感。按上一节的划分，他应该属于友善型沟通对象。但是，他又有受害者心态，怕别人伤害他，也怕得罪别人。他有一个同事群，群里的人除了讨论工作，还经常一起做一些体育活动。群里有一个人比较自私，特别喜欢占别人的便宜，大部分人也有所防备。

有一天，有个女同事要过生日，大家就在群里商量如何庆祝。那个比较自私的人在群里说："我问一下，你们谁给她准备生日蛋糕了？我就怕买重了。"大家都没有说话，因为都知道是他自己不想买。结果他就直接@了我这个学员，表示：要不你买吧，我买也可以，但我们别买重了。其实，我这个学员心里也非常清楚，那个人就是不想花钱，但他就是不敢拒绝，居然在群里回复：行，那我买吧。

如果有读者也是这样的人，不敢得罪任何人，害怕对方伤害自己，那就大错特错了。如果我们明知道对方怀有恶意，还积极地配合他，那他并不会觉得我们真好，只会觉得我们真好欺负，欺负我们真方便。我们应该有的正确态度是宁愿没有朋友，也不能和这样的人做朋友。

以上三个负面心态都和自信心有关。因为不自信，所以我们特别渴望别人的认可，也就总觉得自己得不到足够的认可；因为不自信，再加上原来可能确实有过失败的经历，就总觉得自己不行；因为不自信，总想着自己是受害者，最后真的成了受害者。

当然，要提高自信，我们不能只靠自己想开，依然需要别人的评价。那如何获得别人的好评呢？其实，我们只要展现自己该有的、正常的、自然的状态就可以了，由此得到的评价就是自己应得的客观评价。这时候可能有批评的声音，但我们应得的尊重与好评也不会少。

能不能破除这三个负面心态，是决定我们能不能打开心扉、和谁都能聊得来的关键。大家一定要对照自己的情况，有针对性地进行调整。

第四节

杜绝五种沟通减分：败人缘"高手"

在前面几节，我讲了一些提升沟通效能的技巧。有不少朋友或许会觉得，我认同，但可能不容易做到。的确，如果人人都是沟通高手，这个世界会有多么美好。无论是在认知方面，还是在实操方面，我们都只能慢慢来。这一节介绍五位败人缘"高手"，他们每一个人都身怀"绝技"，保证可以在 5 秒内把人缘败光。

败人缘"高手"一：刀子嘴。

有些人没有"豆腐心"，只有"刀子嘴"。什么叫"刀子嘴"？就是口舌堪比利刃，刀刀直指人家的命脉，不给别人留半点余地。这种"刀子嘴"往往会满脸正义：你们看，只有我看到了事情的本质，我这可是仗义执言。因为说话不分场合，"刀子嘴"的攻击性是比较强的。或许他们有些观点确实有道理，但是这种不分场合、不论轻重的表达方式，在别人看来可能不是犀利，而是刻薄。所以，"刀子嘴"往往是杀敌八百，自损一千，给自己的职场沟通和人际交往带来巨大的负面影响。

败人缘"高手"二：好为人师。

相信大家都见过好为人师的人，在他们的认知里，自己永远正确，周围的人都在等着他们去指导和拯救。问题在于，他们只坚持自己的道理，不知道对方可能有对方的道理；他们只讲自己的情面，不觉得要顾及对方的情面，甚至觉得自己是满腔热情、一片好意。实际上，当别人没有邀请时，我们最好不要提建议；当别人没有请教时，我们就不要指教。背着手到处指指点点，并不会显得我们多有气场和魅力，反而会让别人觉得受到强迫，最终败光自己的人缘。

败人缘"高手"三：最佳辩手。

有的人把"最佳辩手"叫作"杠精"，其实不太准确。"杠精"往往喜欢提出相反的观点，他们要证明对方错了，他们才是真理所在的一方。而"最佳辩手"在乎的不是对错，而是输赢。哪怕是闲聊，"最佳辩手"都要分个高下，争个输赢。没人喜欢输。如果其他人和我们在一起时，连评论天气是冷是热都会输，连点评饭菜是不是好吃都会输，那时间久了大家都会远离我们。这时候我们丢失的不仅是人缘，各种获取信息的机会、各种新合作的可能，都会在一场场根本没有必要的辩论中远去了。

败人缘"高手"四：负能量人士。

我们周围总有些人会随时随地地抱怨，要吐槽领导，要对同事翻白眼，就连天气的冷暖、风力的大小也永远不能符合他们的心意。这可能和他们的成长经历有关。细想一下，这样的人甚至值得同情。如果有读者是这样的人，那应该反思一下，把所有的抱怨都集中到别人身上或环境上，那作为团队和环境中的一员，你的责任在哪里？你是不是勇于承担责任的人呢？

情绪就像哈欠，是可以相互感染的。别人斗志昂扬地来上班，但有的人三言两语之后就让对方的情绪跌到马里亚纳海沟中。等别人用尽全力爬上来，他还愿意靠近你吗？

正常的批评、适度的吐槽无可厚非，但把正能量和负能量搭配起来才能达到平衡。如果一个人浑身充满负能量，那么他的人缘不会好。

败人缘"高手"五：扑克脸。

扑克脸通常是指在牌类游戏中拿到牌的人不动声色、面无表情的行为，在日常用语中引申为那种保持面无表情、喜怒不形于色的人。

有些同事就经常表现出扑克脸，不论别人跟他讲什么，无论是和自身利益密切相关的公司政策，还是最近的热门新闻，他都表现得无动于衷，不关心、不评论、不参与，没兴趣、没反应、没表情，不愿意多做交流。这样的扑克脸，有谁愿意多看几眼？

当然，这可能只是表象。就像上节讲的，他可能只是陷入了某种负面心态，如缺乏安全感，或有惴惴于心的事：我热情参与了，会不会有人利用我？他可能并不是无动于衷，只是表面上装成扑克脸。

克服扑克脸其实比较容易。当别人谈论某些话题的时候，我们不用主动迎合，只要让自己的目光和对方接触，在对方说话的时候微笑地聆听，偶尔点两下头就可以了。几个眼神、几个点头的动作就会让我们的表情在别人眼中生动起来，帮助我们彻底告别扑克脸。

认识了上面这五位"高手"后，我想应该没有人愿意立志效仿吧。实际上，本节想要讲的是如何避免因为沟通失误而败坏自己的人缘。绝大部分朋友都不属于五大"高手"的任何一种，但是偶尔在某个特殊的场景下，在某段极短的时间内，我们的确有可能被其中某位"高手"短暂附体。这才是我们应该注意防备的。

学会准确高效表达：如何说，别人才会听

要想在职场中收获人缘，别人说话，我们要会听。而当别人需要听我们说话的时候，我们也要会说。总有朋友抱怨，别人不爱听自己说话。如果出现这种情况，抱怨别人是没用的，我们还是要从自己身上找原因。本节想分享两个说话的基本原则，以及它们各自对应的技巧。

一要说别人能听懂的话。

在职场，说话不是给自己听的，是给别人听的。因此，说话的关键在于让别人能够准确接收，能够理解到位，能够听得懂、听得进去。其实，要说别人能听懂的话

更多是指我们说话的时候要学会满足对方在倾听时的基本需求。人的大脑接收信息是有规律的，我们要按照这个规律去说，要满足对方在逻辑上和表达上的需求。

（1）说话要简洁。从传递信息的角度讲，说话的诀窍既不是多说，也不是少说，而是不多不少，恰好可以传递最关键的信息。但在实际场景中，我们说的话有寒暄，有起承转合，不可能全是干货，这无可厚非。同时，我们不能忘记传递信息这个核心目的，要努力让自己的话更简洁。

第一，要学会归类概括。如果我们说话时提到了大量信息，而这些信息是杂乱无序、被随意堆在一起的，那么别人是很难听得懂的，即使听得懂，也很难记住。例如，当我要出差时，你告诉我要带好毛巾、充电宝、雨伞、身份证、袜子、圆珠笔、指甲刀，最好再带上枕头、内衣、驾驶证、信用卡、笔记本、牙膏……这么嘟囔一遍，有几个人能记住到底要带哪些东西呢？因为我们在听觉上很难接收大量杂乱而没有关联的信息。如果你改成分门别类地表达，如洗漱用品要带哪些，证件要带哪些，个人衣物要带哪些，电子产品要带哪些，办公用品要带哪些，就有条理多了。如果我想要逐一记下来，也会容易得多。

第二，要学会先说重点。我相信大家都听过表达原理中的金字塔结构。先说重点就是从塔尖开始表达，让别人在最短的时间里先接收最核心的信息，然后接收次级核心的信息，以及不太重要的辅助信息。例如，你从外边回来，同事着急地找你。"我给你打了好几个电话，你怎么都没接呢？""大家整个下午都很忙，还要到处找你。""你的电话能不能取消静音啊！"他的样子看起来很着急，可是他说了半天也没说清楚到底有什么事。你追问之后才知道原来是王主任找你有急事。那好的表达应该是什么？他应该先强调重点："给王主任回电话，他有急事找你。"

先说重点还暗含一个意思：一次只说一件事，不要一次性甩出一大堆信息。例如，如果我们要提醒别人出差需要带的东西，只提醒最重要、他最常忘记的东西就可以了，不要列举一大堆。

（2）描述要准确。为什么有时候别人听不懂我们说的话？因为双方的理解角度不一样。那些对我们来说很熟悉、三言两语就能描述清楚的事情，对于一个在这方面一无所知的人来说可能是一头雾水。所以我们的描述要准确。

最简单的例子就是给别人指路。如果有人要来拜访你，你只把办公室所在的园区名称、楼层与房间信息甩过去，如果这个地方比较容易找，那还好说。但如果这个地方不容易找，对于第一次过来的人，你最好能再补充一些准确而具体的描述，如 36 号楼其实在 42 号楼的东边，不在 35 号楼旁边，或者上三楼必须坐 A 座那个电梯。

在把一些自己认为很好理解的事情描述给其他人的时候，我们要注意站在别人的角度考虑问题。如果必要，我们要把抽象的东西具体化，这样才能准确地传达想要分享的信息。

（3）及时确认和翻译。确认的意思很简单，就是不断在关键之处确认对方是不是完全领会我们的意思，如"我说清楚了吗""我刚才讲的有什么问题吗"。注意，只要不问"你听懂了吗"就行。翻译的意思就是解释。以上面指路的事情为例，如果我们刚开始按照自然坐标的方式描述，如向前、向后、向左或向右该怎么走，但对方习惯以东西南北的方式认路，他没听懂，我们就应该按照东西南北的方式再翻译一遍。

不论我们是在跟对方交代某件事，还是在做业务交接，都要注意在关键之处反复确认，确认对方真正理解了再往前推进。如果对方没听懂，我们就换个表达方式及时解释或翻译。

要说让别人能听懂的话，关键是站在别人的角度考虑问题，而不是完全在自己的逻辑体系里打转。

二要说让别人舒服的话。

什么话能让人舒服？实际上，我们可以简单理解为能满足对方情感需求和情绪需求的话。人都是有情绪的。我们不是机器人，只会机械地输出语言和信息，我们的很多表达是包含情绪、感受、诉求和主张的。对于同一个意思，有人说的是"这不行"，有人说的是"唉，还是算了"，有人说的却是"我要考虑考虑"。不同的说法给人的感觉一样吗？本质意思和最终结果可能一样，但沟通过程中给人的感受和情绪价值却是不同的。和人沟通时，我们除了满足对方在信息方面的需求，还要满足对方情绪上的需求。对方只有在感情上愿意听我们说话，才更容易在理性层面听得进去。

（1）贴近对方的状态。我们要想让彼此的交流和沟通舒服、顺畅，就应该努力贴近对方的状态和情绪。策略很简单，就两个字：跟随。

如果对方是一个沉默寡言的人，我们就应该言简意赅，把重点交代清楚；如果对方是一个热情似火的人，而我们只是三言两语地叙述，那么对方可能会觉得受到了冷遇，这时候我们不妨拿出热情来多解释一些细节。例如，如果对方对这件事情特别感兴趣，不停描述自己有多么高兴，我们就应该积极地回应，和他的情绪保持同频，他就会感到很舒服。反之，对方可能会觉得自己一厢情愿，和我们沟通十分费劲。

如果对方是以前打过交道的人，我们还要留意他的情绪变化。例如，本来热情似火的人今天情绪却有点低落，那我们就要小心回应，或者设法给对方一些鼓励和安慰。总之，我们要尽量保持和对方一样的情绪节奏，尽量贴近对方的状态。

（2）体谅对方的立场。我们会本能地站在自己的角度思考问题，做到体谅对方的立场是需要学习和训练的。只要我们能够学会站在对方的立场上思考问题，就已经具备了一定的情商，大部分沟通障碍就迎刃而解了。

例如，有同事跑来找我们帮忙，恰巧自己正在忙，我们就要学会看对方的态度。如果对方并不是很着急，那说明事情不严重，也不紧急，我们可以委托同事或其他朋友好好招待："你能过来太好了。我们晚上好好喝一杯，我先把手头的事情忙完，你先在这里休息一下。"如果对方很着急，那我们就先放一放自己的事情："我今天有点忙，但你先说你的事。"如果对方的事情特别重要，我们说不准真要放下工作去帮他；如果对方的事情还没到十分迫切的地步，那就让他稍等一会儿，我们把最紧急的事情处理完再去帮他。

　　只要我们真心站在对方的立场考虑问题，对方一定能感受到，接下来我们提出的解决方案也就更容易被对方接受。反过来，如果我们的态度很敷衍，完全没有体谅对方的立场，人家也能感受到，很多沟通就会陷入僵局。

　　（3）满足对方的需求。如果一个人跟我们说话是希望得到安慰，那我们不能去教育他。因为那不是他的需求，他听不进去，也会觉得不舒服。如果他只是想得到我们的支持，这时候我们反复强调风险有多大，他可能会有什么损失，这不就是泼冷水吗？他一定觉得不舒服，也不可能接受我们的建议。我们只有顺应对方在沟通中的需求，才能让对方感觉舒服。在舒服的谈话氛围中，双方才能更好、更深入地交流。当然，这里的满足需求主要是指满足情绪上的需求，至于利益上的需求，那就不是只靠说话就能解决的了。

　　说话的艺术在于把自己想说的话变成别人想听的话，这听起来很难实现，但核心就是放弃"我想，我觉得，我认为"这种一厢情愿的沟通方式，让说出口的话有用，进而达成沟通目的。在职场，大多数情况下我们不是为了自己开心而交谈，所以一切与达成目的无关的表达都是废话。如果大家不理解这个道理，不仅会在沟通上四处碰壁，还会直接影响自己的工作效率和工作成果。

应对沟通表达紧张：不可避免、不难控制

　　我想问问大家，有没有人在私下一对一聊天的时候挺能说，但是人一多就不敢讲话，甚至还会心跳加快、面红耳赤、手心出汗、手脚发抖？有没有和同事聊天很顺畅，但只要有领导加入，马上就不知道说什么的人？有没有面对陌生人或重要人物，无法顺畅地表达想法，说话总是磕磕绊绊的人？有没有台下准备得很好，但是一上台演讲大脑就一片空白的人？

　　如果你被我说中了，不是我有多了解你，而是这些体验我都有过。我做过专业的主持人，在 20 年的职业生涯中主持过上万人的开幕式，也做过电视直播节目的主持

人，但是刚才罗列的经历我都有过。

很多人认为紧张是自己的弱点，其实它是所有人的本能，是我们人类在应对危机时的本能反应。一旦我们的身体因为外来的刺激感到不舒服，我们就会预感到将有不利于自己的状况发生，这就是不安全感。接下来，我们就会出现肌肉紧张、心跳加快、手心出汗等生理反应。这些反应不需要经过大脑思考，也不是我们的意识能控制的。所以，紧张并不是因为我们能力不行，也不是因为我们胆小，不要随便给自己贴标签。

职场表达的紧张感来源主要有三个。

第一个紧张感来源：期待值过高。在正式表达之前，我们越紧张，说明我们对这次表达效果的期待值越高。而期待值越高，压力就会越大。压力大了，紧张感自然会随之增强。没有人会因为和自己的家人、朋友说话而感到紧张，也没有人会觉得和亲近的人说话时干货满满、感染力惊人。这两个方面其实是高度相关的。因为我们对日常的表达没有期待，所以不会紧张。也正因为我们没有紧张起来，我们的表达才会比较随意，能表达出来的东西也很有限。如果我们面对的是一位非常重要的客户，或是我们将要应聘公司的 HR，又或是决定我们能否得到晋升的领导，那情况恰好相反。我们必须输出有价值的内容。因为这样的期待，我们的态度自然会严肃、紧张起来。因此，优秀的表达效果和紧张的事前态度是高度关联的。换句话说，我们要想把事情干得漂亮，紧张就对了。有期待、没把握，就是紧张感的主要来源。

第二个紧张感来源：个人"体质"。有时候，我们不得不承认，有些人就是严重的紧张"体质"。这很可能是源于他们对完美的苛求和习惯性的负面思考。例如，在一次交流过后，这样的人可能会特别自责，说这部分 PPT 没做好，那部分用词欠妥当，不停地自我谴责、自我否定。其实，他的表现在别人眼里可能已经很完美了。但对一个完美主义者来说，值得检讨的地方太多了。这种特别容易陷入负面思考的朋友总是习惯把不良影响无限放大，从负面角度思考问题。例如，一个包袱抖得稍微不够响亮，他就觉得肯定冷场了，台下的领导肯定看不上自己了，下次的机会也轮不到自己了，年底等待自己的就是裁员了。如此一路放大下去，他能不紧张吗？

其实，我们只是被大脑欺骗了而已，因为大脑把我们的负面想象当成了必然的现实。实际上，现实中真的没有人会特别关注我们，没有人能记得我们说过的每一句话。我在日常的直播中也会有很多口误，如果我总是特别焦虑，下次还敢讲吗？我的经验是在讲一段话的过程中，只要整体的逻辑没有大问题，再加上有一两句说得非常不错的金句，或者其他闪光点，就足以给大家留下不错的印象。即便我们在讲这段话的过程中有失误，如跑题或忘词，也不会影响整体效果。

第三个紧张感来源：反向暗示。有的人明知道自己会紧张，为了提前防范，就不断地念叨"不紧张，不紧张"，结果上台后的第一句话成了"我叫不紧张"。这其实就是反向暗示造成的紧张加剧。

我现在来做一个实验，请大家认真看好下面这句话。而且，为了保证效果，大家一定要用嘴巴念出声来：不要去想红色高跟鞋，不要去想红色高跟鞋，不要去想红色高跟鞋。

我让大家不要去想红色高跟鞋，结果怎么样？是不是大家脑海中已经浮现出红色的高跟鞋了？这是一个非常典型的心理学实验。它揭示的原理是我们的大脑其实不太能够识别出否定词，当我们不停地提醒自己别去想红色高跟鞋时，大脑里出现的反而是它的形象。同样的道理，当我们总是念叨不紧张的时候，潜意识里感觉到的实际上是紧张。

总而言之，其实每个人都会紧张。接下来的坏消息是紧张感无法消除，但好消息是紧张感不需要消除。

我可以非常明确地告诉大家，即使是现在，我在抖音做直播时依然会紧张，只不过大家看不出来罢了。为什么？因为我掌握了控制紧张的技巧。接下来，我教大家一些实用的技巧，掌握这些技巧就足以应对工作场合的各种会议、述职报告、竞聘演讲和座谈会了。

肯定会有朋友说："道理我都懂，我没有很高的期待，也不是完美主义者，并且没有不停地反向暗示，可是我真的做不到，我就是会紧张。"确实，一个人的性格和思维模式与过去生活的环境、拥有的经历有很大的关系，是经过长期的积累形成的，不可能在短时间内改变。但是，人的想法和行为是可以彼此影响的。当想法难以改变时，我们可以通过改变行为来影响大脑中的想法。例如，行为心理学认为，人在情绪低落的时候会下意识地低头，那反过来意味着，如果一个人总是低着头，也容易造成情绪低落。如果我们不知道在意识上如何调整低落的情绪，可以先改变低头的动作。当我们仰起头往上看的时候，情绪自然就会昂扬一点。缓解紧张情绪和控制紧张动作的道理也是一样的。

应对身体失调：反向动作，舒展身体。

例如，当下一个发言的人是自己时，我们的心脏可能已经在剧烈地跳个不停了。我自己在每次直播开始前的 15 分钟都会出现这种情况，心脏突然跳得很快，我能明显感觉到这种紧张。一个我一直在用、亲测有效的方法是手心朝上，抬起双臂。

一般情况下，我们紧张时会不自觉地双手下垂、握拳。我们无法控制脑子里的紧张情绪，但可以有意识地控制身体的动作。克服紧张感最基本的技巧就是反向动作。紧张的自然反应是双手下垂，那我们就伸展双臂；紧张的自然反应是握拳，那我们就摊开手掌。

动作很简单，就是保持手心向上，向两边抬起双臂，但我保证这会给大家带来意想不到的效果。原理其实很简单，当我们手心朝上、抬起双臂的时候，身体会很自然地舒展开来，不再是紧张时那种含着胸、弓着身体的状态了。当我们打开双臂，自然会慢慢加深呼吸，这大大缓解了身体的紧张反应。

如果我们紧张到身体僵硬，甚至手脚发抖，该怎么办呢？如果是腿抖，这时候千万不要两腿紧并、双膝并拢，像站军姿那样。这个姿势本来就是让身体特别紧绷的，我们要做的是反向的动作。我们可以微微将双腿张开、脚尖朝外，甚至稍弯一下膝盖，类似扎马步的样子。这个姿势可以让下半身立刻稳定下来，身体自然会跟着放松下来。

如果是手抖，我也有一个非常简单的方法：用最简单、最快速的方式抓住一个东西。例如，如果我们手边有一个杯子或一支笔，就赶紧抓住。我们可以抓任何东西，如果实在没有可抓的东西，又抖得非常厉害，就抓自己。我们可以双手交叉握住自己的手腕，或左右手互抓自己的手肘。双手抓住一些东西可以让我们迅速平静下来。

应对声音失控：坦然承认，调整姿势。

如果我们紧张到声音发抖，该怎么办？有时候，有些朋友甚至紧张到音调突然变高，或者突然觉得气短。这些反应也属于身体失调，其实是声带附近的肌肉过于紧张导致的。

第一个方法是坦然承认。例如，我们在开会或讨论发言的时候，一张嘴发现声音抖得很厉害，这时候声音已经传出去了，人人都可以听到，再掩饰或否认也没什么意义了。我们不如直接承认自己很紧张，然后做个深呼吸，重新开始，如果能配上笑容就更好了。再次开口后，我们可能会发现声音已经不抖了，因为自己已经放松下来了。如果我们表现得足够好，说不定还会赢得其他人的好感。大家要么觉得你演技高超、巧妙开场，要么觉得你临危不乱、处置得当。

　　第二个方法是调整姿势。在特别紧张的时候，我们还可以调整姿势，即微微地抬起下巴，然后再加上一些微笑——哪怕是挤，也要挤出来。这时候，我们的声音马上会变得不同。这也是一个神奇的技巧，大家可以试一试，仅仅是抬起下巴，再挤出一个微笑，声音就不一样了。

　　当然，使用这个方法也要有一个度。如果我们把下巴抬得太高，不仅会影响对面的人对自己的观感，还会导致声音过于洪亮，给人很高傲的感觉。记住，我们的目标是缓解紧张，不是变成专业的播音人士，要适度用力。

应对大脑空白：停顿转移，充分准备。

　　大脑一片空白是最常见、最严重的情况。大部分朋友对这种局面都不陌生。但实际上，大脑一片空白又可以分成几种具体的情况。

　　第一种情况：一对一沟通的时候大脑突然卡壳。例如，对面那个人非常重要，让你特别紧张，于是你突然不知道该说什么了。我教大家两个动作，把它们组合在一起可以很好地打破僵局：停顿缓解，提问转移。

如果条件允许，我们先停下来，征得对方的同意后喝几口水，或者站起来走动一下。一般情况下，我们稍微活动一下，身体上的紧张感就会大大减轻。如果情绪得到了平复，就可以继续沟通。

除此之外，就是通过提问转移注意力，为自己争取平复情绪的时间。问题是既然大脑已经一片空白，那应该提什么问题呢？这就要看我们平时是不是已经做好万全的准备了。我自己经常会提前准备几个安全问题。

什么是安全问题？就是能在尴尬中保证自身安全，同时本身又足够安全、不会冒犯对方的问题。例如，对方停顿时，我们可以说："您能不能给我详细解释一下？我觉得刚才这个观点很重要，但我没太理解。"这实际上就是把问题再抛给对方，在对方进一步阐述的时候，我们就可以争取一些时间，赶紧修复大脑的空白。

当然，不同的场景可能需要不同的安全问题。如果领导在台上讲话时突然让我们现场发言，我们当然不能要求领导再解释一下。这就要考验每个人对不同场景的不同准备情况了。

第二种情况：猝不及防被点名。当被领导要求发言，而我们又没有准备好时，可以采用谦虚转移的方法。

大家千万不能僵在那儿，说"哦，我想一下"之类的话。这样其他人的目光就会集中到这里，这会让我们更紧张。就算接下来我们能勉强发言，效果可能也不好。所谓谦虚转移，就是以谦虚为武器，转移大家的注意力，为自己争取考虑或放松的时间。

我们可以说："我在这方面不是特别有经验，我想先听听大家怎么想。"一般情况下，如果是普通的会议场合，我们这么说后别人不会强求。如果我们能在现场找到帮手，给对方递个眼色后可以说："我知道老王在这方面更有发言权，能不能先让老王给大家讲讲？"有了这样的缓冲，等别人发言的时候，我们的心情就可以放松下来，大脑也可以高速运转，等准备好后再找机会主动补上自己的发言就行了。这种处理看似考验随机应变的能力，其实主要靠事前的预演和准备。

第三种情况：众目睽睽，被晾在台上。在一些公开演讲或竞聘的场合，有的朋友准备了非常完整的发言稿，但因为临场的紧张，仍然可能出现大脑宕机的情况，然后张口结舌地被晾在台上。

首先我要告诉大家，这实际上并不是压力或紧张情绪的错，主要原因还是在于大家的准备工作做得不充分，或准备方法有问题。有的人会把稿子写出来，逐字背熟，保证说出来的每一句话都跟稿子一样。如果有人过去采用这种方法，很容易在突然被打断时大脑一片空白。这时候如果没人提醒，在众目睽睽之下，我们可能半天都反应不过来。

我有过不少主持经验。无论是现场主持，还是去做采访，我都有一个体会：往往越有稿子，越紧张；稿子背得越熟，自己发挥得越不好。大家当然要准备稿子，但要注意方法。

第一，稿子一定要口语化。相较于即兴的现场表达，我们写文字稿时往往更追求逻辑的严密，总是希望把稿子梳理得更清晰，让文字更工整，甚至会用一些书面语言。对于这种稿子，即使我们能在台上背出来，听众也会感觉我们很僵硬。所以一般来说，写完稿子后，我会先读几遍，毕竟读起来顺才是真的顺。

第二，相较于背稿子，更重要的是掌握提纲和关键词、关键句。我们可以背稿子，但一定要清楚提纲和逻辑流，一定要把关键词和关键句烂熟于心。如果我们对整体结构一清二楚，当突然忘记某一句话时，才有可能继续讲下去。

所谓提纲和逻辑流，通俗来讲，就是稿子的第一点、第二点和第三点等，以及它们之间的逻辑关系。例如，我要讲本节的内容，那本节的主题是什么？哦，是应对沟通表达中的紧张情绪。本节总共分为几个部分呢？哦，分成两个大部分。第一部分是让大家建立对紧张的正确认知，即为什么我们会紧张，这部分又分为三个小部分……第二部分是讲如何应对紧张的极端情况，这部分也分为三个小部分，其中……

当我们记住了大的结构，即使在最后呈现的时候，不是每一句话都像文字稿那么完美，但只要整体的逻辑是顺畅的，其他人就不难理解。万一在某个地方卡住了，我们甚至可以随口自问一句："我刚才讲到第几点了？哦，接下来我们讲一下……"这不就重新开始了吗？

其实，沟通和表达的进步也是熟能生巧的过程，大家千万不要因为一开始有过紧张和失误就过于自我责怪，从此再也不敢尝试。大家眼里那些表达特别好的人，那些沟通高手、演讲高手、聊天高手，其实都是在背后精心准备的结果。只不过我们没有见过他们的反复练习和失败罢了。如果有读者看过我的直播，认为我的表达能力还行，那我就现身说法、做个证明。和那些高手一样，只要我们坚持练习，量变之后也一定会带来质变。

第二部分

借力上级

第一节

理解领导意图：心领神会，身体力行

有一种说法，所有的沟通问题都是阅读理解能力不足造成的。这话听起来有点绝对，但如果把"理解"之前的"阅读"从狭义的文字阅读扩展到对人和事的全方位阅读上，这句话就很有启发性了。而我们和领导相处时，最关键的一点就是能够准确领会领导的意图，这当然也是"阅读"的一部分。问题在于这种阅读比读一篇文章，甚至一篇专业论文困难得多。我帮大家总结了三种方法来攻破这个难点。

第一，平时注意收集资料，发散思考。这里说的收集资料是指希望大家能眼观六路、耳听八方，在所有与领导直接相关或间接相关的场合收集各种信息，把信息联系在一起，充分发散，深入思考。而领导落实到纸质文件或手机上的指示更是大家应该做好阅读理解的部分，只不过这部分信息比较容易理解，不是我们这一节要讲的重点。

即使是情商很高的人，也不可能在毫无了解的情况下猜出别人的心思，就像福尔摩斯这样的大侦探也不可能在没有观察和调查的情况下找到凶手。我们平时收集资料，目的就是在需要做出判断的时候能够有所凭据。例如，我们原来就已经知道领导对事件 A 有何态度，等到事件 B 发生时，通过对比两件事的性质就可以大致估计他的态度。再加上留意领导平时或只言片语或长篇大论的指示，我们就不难深刻领会领导的意图。

领导的态度和偏好是我们平时要重点收集的信息。只有收集到这些信息，我们对他的行为模式才能有一个基本的了解。这些信息构成了他日常表现的基准线。我们只有把握好这个基准线，才能判断出在不同情况下他的行为是在基准线下，还是在基准线上，才能对他的变化做出分析和预判。

收集完资料，我们还要认真地对比和思考。领导的态度、评价、立场的背后隐含着他的思考方式和价值倾向，我们一定要结合各种信息判断出他关注和在乎的是什么，不曾关注和根本不在乎的是什么。理解了领导做事的底层逻辑，再结合他在大小会议上的公开发言，以及私下里对我们的直接指示，我们自然可以全面、深入地领会他的意图。

第二，无惧权威，敢于提问。这是我的强烈建议。有些朋友特别惧怕权威，不敢提出问题，有了困难也不敢寻求帮助，最终问题还是会出在自己身上。领导在向我们布置任务，或在跟我们谈话的时候，我们可能没有听清楚，或没有完全理解。如果这时我们不敢提问，不及时确认，只是一味点头，领导就会以为他讲得没问题，我们听得也没问题，而最后出了问题时，承担责任的还是我们。

实际上，无论是领导没讲清，还是我们没听清，我们都有提问的权利，领导都有进一步阐述的义务。这是沟通中的正常现象，我们不需要难为情，也不要不敢问。如果确实是领导的表达有问题，我们提出问题后也能让领导发现自己的漏洞，那也是好事。再者，作为下属，如果工作出了问题，我们身上的责任是最重的，那我们为什么不提前问清楚呢？

当然，确认也有技巧，我们不能随口一问："领导，我觉得您刚才没讲清楚，您能再说一遍吗？"其实，当我们没明白领导的意思时，因为我们并不能确认问题是出在自己身上，还是出在领导身上，所以出于基本的礼貌，不应该直接说领导没讲清楚。得体的提问是自谦式的，如"关于这个问题，我是这样理解的，不知道是不是准确""您刚才讲的这个事情，我打算……执行，不知道这样合适吗"。

这样的提问不仅可以帮我们确认领导的意图，也有助于我们树立勤于思考、善于思考的形象。如果我们张口就是"您刚才说什么""那是什么意思""这个应该怎么办"，虽然也可以起到确认的作用，但这种不经思考的提问会让领导觉得我们不会自主思考，难免让自己的形象大大减分。针对不同的情况，我们要用不同的方式确认。只有我们真正思考过，真的在确认关键信息，我们提出的问题才是有针对性的，也才会是得体的。

有些事情甚至需要我们进行多次确认。当领导回答问题后，我们应该进一步思考后再次确认："谢谢领导，我理解了。我打算……去办，您看这样安排可以吗？"这种反复确认适合特别重大、敏感、复杂的事务。如有必要，我们甚至可以用邮件等能够留下记录的方式，以便将来回溯。

第三，随时记录，定期复盘。随时记录这个看似简单的小动作，其实特别重要。我就有这样的小习惯，在和领导一对一谈话时或在一些比较重要的会议上随时做好记录。哪怕领导只是口头上做了某个安排，只要这个安排足够重要，我们就要想办法尽快记下来。这和刚才讲的平时注意收集信息是一个道理，领导做出的关键安排当然也可以视为和领导有关的重要信息。

上面讲的三种方法都属于笨功夫。俗话说笨鸟先飞。如果大家觉得自己不够聪明，当然应该把笨功夫下好，因为这些方法可以让我们变得更聪明——不是指脑袋，而是指实际的工作效果。实际上，聪明人之所以聪明，一个重要的原因也是他们会下笨功夫。

在深入领会领导的意图后，实际的执行也很重要。在执行层面，我们要注意以下三点。

第一，要与领导的方向保持一致。不管领导做了什么决策，给了什么指示，不管在讨论阶段我们和领导有什么分歧，在执行层面，我们都必须和领导的方向保持一致。在讨论阶段，可能有些领导愿意追求百花齐放的局面，我们和领导有碰撞无可厚非。但在行动层面，任何一个指挥者都不希望自己的属下各行其是。与领导的方向保持一致才能获得领导的信任，甚至能在将来获得更多的机会和资源。更重要的是，唯有如此才能完成团队的既定目标。我们可以提前提出不同的意见，也可以在事后复盘的时候提出新的想法，但在集体行动的时候一定要认清方向。

第二，要与领导的立场保持一致。所谓立场，很大程度上可能和利益有关，不同的利益诉求决定着不同的立场。作为下属，我们只有站在领导的立场上思考利益得失，才能看清他的做事动机、态度与表现。了解领导的立场之后，我们就要调整自己的立场，让自己的立场与领导的立场保持一致。如果真的出现个人立场与领导立场存在重大分歧的情况，那我们要考虑的就是该不该继续跟着这个领导的问题了。值得注意的是，在这种情况下，领导考虑的可能也是同样的问题。

第三，向领导学习从整体看待问题。领导如何决策，取决于他所在的位置，而位置的高度往往决定了思维的高度。很多时候我们只是站在下属的角度为自己考虑，因此很难明白领导的做法。领导不一样，他要对上负责，也要对下负责，而且他不止有一个下属，他要维持各方的平衡，也有自己的难处。

我采访过很多知名企业的高管，也接触过不少他们身边的人，发现一个特点：有些秘书能得到领导的重用，绝不仅仅因为文笔好。如果他们只是站在自己的角度写，永远也写不好，只有站在领导的角度，才能写出让领导满意的文章。文笔是次要的，文字背后的思想才是关键。

在本节的最后，我要提醒大家区分两个概念：一个是指示，另一个是意图。指示是指具体的要求，而意图是指领导为什么要让你这么做。指示其实是意图的一种外在表现形式。能够准确地领会指示，准确地执行指示，只是第一个层次，只达到了最低标准；深刻地理解领导的意图，把工作做到关键处，做到领导的心里，才可能真正让领导满意。

顾全领导尊严：四项注意与五大忌语

我们常常说面子是别人给的，不是自己要的。其实这个事情是相互的，有点像物理学里讲的作用力和反作用力：别人给我们面子，我们也会给别人面子；我们给别人面子，别人才会给我们面子。和领导相处适用的是后一种情况。那么，在和领导相处时应该如何把握好分寸呢？我给大家讲几个注意事项。

第一项，对事不对人。

在和领导沟通的过程中，特别是在双方有分歧时，我们要尽量做到对事不对人。

"对人"是以人为目标，以能否反驳或攻击这个人为标准筛选观点和证据。而"对事"正相反，关心的是事情本身：这件事本来是怎么样的，哪些方面需要改进等。

当然，会有很多人说不存在真正意义上的"对事不对人"，这个观点有一定的道理。因为事情的背后往往站着人，我们说一件事不好，自然会牵扯到对执行这件事的人的评价。而且，如果我们心里对某个人有成见，在针对某件与他有关的事情表达观点时也很难不受影响。

所以，我这里讲的"对事不对人"是原则，而面对领导的实际操作是私下沟通。如果我们对领导提出的方案有意见，就针对这个方案贡献自己的力量，无论是批评还是补充，把它们一条一条地摆在领导面前。因为是私下沟通，我们又能把"对人"的伤害降到最低。因为没有围观的"吃瓜群众"，领导一定更容易感受到我们"对事不对人"的诚意。

第二项，区分建议权和决策权。

在和领导沟通的过程中，我们拥有的只是建议权，而他拥有的是决策权。我们可以提出建议，甚至可以提出和领导不一样的建议。但是，我们必须服从他的决策，这是值得反复强调的事。领导错了，或者领导的认识不够，不影响他做决策的行为。他的责任就是做出决策，我们的权利是提出建议。该提醒的没提醒，是我们的责任；该决策的没决策，是领导的责任。

第三项，跟领导对着干，不如别跟领导干。

大家可以思考一下，如果我们和领导作对，对谁的伤害更大？和领导作对，对我们有什么意义？我们能从中得到什么？如果大家觉得和自己的领导实在相处不来，在工作理念或价值观等方面确实存在巨大的分歧，那不如节省彼此的时间，赶紧另谋高就。大家与其一时置气，跟领导对着干，不如赶紧给这段工作画上句号，收拾心情，为下一段经历做准备。

第四项，言行和身份要保持一致。

有的时候，我们在职场会遇到一种情况，一开始两个人是非常好的朋友，后来两个人的晋升速度不一样，其中一个人被提拔了，成了另一个人的领导或领导的领导。在这种情况下，如果我们还想和被提拔的朋友处好关系，就必须把握好相处的分寸。

最难的就是公私分明。在工作场合，我们要按照上下级的角色去交往，绝不能在单位里和对方勾肩搭背。既然对方的身份变了，我们就必须把他当作领导，在公共场合对他保持足够的尊重。

即便是在私人场合，我们也要尊重对方的成长，同时尊重自己的人格。虽然以前双方关系很好，但现在对方的身份变了，掌握的资源和信息不一样了，那对我们的影响也就不一样了。这时候如果我们追着人家问："兄弟，那件事是怎么回事？你能不能透露一些内幕消息？"这就是对别人成长的不尊重。他掌握的消息确实可能很多，但人家有自己的打算和安排，如果方便透露，还会等着我们去问吗？提出这样的问题也是对自己的不尊重。我们在职场中立足，靠的是自己的能力，而不是裙带关系。对自己有要求的人，看到过去的朋友升了高位，会刻意保持距离，而不是利用过去的交情，通过谄媚的手段为自己谋求好处。我们在什么位置就要做什么事情，言行和身份要保持一致，这样才能既顾全领导的尊严，又保全自己的尊严。

上面讲的是顾全领导尊严的注意事项，接下来，我要分享一些实用的技巧，严格地说，是从实操角度提醒大家回避一些常见又不得体的口头语。有些朋友可能深有体会，领导们都很喜欢通过细节判断一个人能力和修养。就像画家给人画像要一笔一笔地画一样，我们在领导眼中的形象也是这样"一笔一笔"地形成的。只不过，领导和我们打交道的机会有限，构建我们个人形象的笔画并不会太多。所以，我们更应该重视和领导打交道的每一个细节，一定要注意回避一些在其他场合用惯的口头禅。

不要和领导说"我希望"。很多人经常会说"我希望"，但这三个字不宜用于下级对上级。如果我们对领导说"我希望您以后更多地接近群众"，是不是感觉非常奇怪？哪怕说"我希望您能多多指教"，也不如改成"请您以后多多指教"。如果大家对文字足够敏感，就会明白，希望这件事更适合自上而下的场景。

如果大家想给领导提一些比较柔性的请求，可以用

"恳请""期待";如果觉得这不够自然,也可以用"我希望",但应该反过来说。例如,"我希望领导多和我们接触",可以改成"我希望我们基层员工能有更多的机会向领导学习,能多跟领导请教",后者是不是顺口很多?大家不要小看这样的改动,这中间展现的个人修养,以及对别人的体谅是大有不同的。

不要和领导说"我代表"。有些朋友动不动就说"我代表我们部门""我代表他们几个人",可是,对方让你代表了吗?你有能力代表人家吗?更不要在大领导面前说"我代表我们领导",你更代表不了领导,你的领导和大领导之间一定有特定的沟通方式,你怎么可能代表得了?如果只有自己在场,你代表自己,表达自己的观点、贡献自己的力量就足够了,不要习惯性地"代表"别人。

不要和领导说"我给您说一下"。"说一下"这个说法比较随意,我不是说它本身随意,在有的场景下它也可以表达很严肃的意思,但"说"这个动作在大部分情况下意味着临时、随意的安排,并非做好充分准备的正式表达。找领导有事,要么是"请示",要么是"报告",那我们用这些比较正式的词就好了。大家不要觉得这种严肃的说法很谄媚，我们和领导之间本来就是严肃的工作关系，这正好可以体现我们对领导的尊重。

不要和领导说"您听懂了吗"。其实对谁用这种说法都不好。提出这样的问题，说明我们已经意识到别人不太理解我们的话，造成这种困难既可能是对方的原因，也可能是我们没说清楚。当我们说出"您听懂了吗"时，主语成了"您"，就一下子把责任推到了对方身上。对于敏感的人来说，这当然是不舒服的。要表达同样的意思，我们可以说"我刚才讲清楚了吗""我是不是讲得太快了？要不我再重复一下某个部分"。这同样可以确认对方有没有听懂，但默认责任在自己身上，当然会得体、顺耳得多。

不要和领导说"这事不归我管"。这句话在领导耳朵中出现的频率很高，但他们不会喜欢的。"这事不归我管"可能是事实，但领导关心的是结果，而不是这事归谁管，该追究谁的责任。这种说法隐含着推脱的意思。事不关己、高高挂起当然不是领导喜欢的态度，也很可能让他产生很多不好的联想。遇到类似的情况，我们对领导的回应应该包含动作，并且把主语换成自己，如"我去确认一下，一会儿回复您""某人今天不在，我去找另一个人解决"。

怎么样？职场中的忌语确实很多吧？通过对比某种意思的不同表达，大家对如何顾全领导的尊严，如何避免自己在沟通中失分，应该会有更多的体会。

避免领导误会：三个忌讳、三种标准、三点建议

希望各位牢记"在上者患下之骄，在下者患上之疑"这句话。下骄，代表领导失去了掌控感，这对管理而言是大忌。上疑，代表员工失去了领导的信任，这会对个人发展造成影响。所以员工必须努力把握分寸，避免不必要的误会。

要避免领导的猜忌，员工就要有所顾忌。最重要的三点是：不要抢功，不要示强，不要越权。

一不要抢功。 有些学员向我反映，职场中有的领导会抢自己的功劳。我想告诉大家，如果遇到这样的领导，不要和他计较，因为大多数情况下，我们取得的所有成绩

本就归功于他领导有方。如果真的是科研突破这类的贡献，他也抢不走。一旦我们因为计较抢功而改变了对他的态度，那么在他眼中，我们就成了居功自傲、目中无人的人。即使我们夺回了一时的功劳，也很难在后面的合作中获得他的信任，可能失去很多成长和发展的机会。

二不要示强。在职场流传一个说法：对小心眼的直接领导，多用态度，少用能力。这个说法其实很符合实际。当我们不断地展示强，给别人的感觉就是受到威胁，别人本能地会有所防范，甚至会反击。我分享一个心得：在重要机会面前要大胆展示，把自己的能力和优势充分表现出来，不要不好意思和过度谦虚；在日常工作中要战术示弱，不要给自己树敌，保护好自己的羽翼。

三不要越权。越权有两层重要的含义。第一层含义是不要越级汇报。越级汇报在职场是非常忌讳的行为，在直接领导和上层领导面前都不会留下好印象。直接领导会认为我们不信任他，或者不把他放在眼里，还会怀疑我们打小报告。而上层领导从全局角度考虑不会轻易干涉下属的管理，即使听了我们的汇报也不会直接干涉，多半会与我们的直接领导沟通，让他处理，那时我们会特别尴尬和被动。所以，不到万不得已，大家不要用越级汇报的方式解决问题。

第二层含义是不要越级决策。大家头脑中始终要有一根弦：我是执行者，不是决策者。对于工作中的突发情况，在条件允许时一定要请示和汇报，我们可以提出自己的想法和建议，但最终的决策者是领导。如果我们擅自决策，一旦出现问题，就要承担全部责任。即使没有出现问题，在领导眼中，我们也是缺乏分寸感、摆不正位置的下属。

一个员工在领导心中的地位，除了和能力有关，还和忠诚度有关。这是身为员工的我们必须认清的，特别是能力比较突出的员工。那么，领导是如何判断下属对自己是否忠诚的呢？领导自然有他的标准。由于本节主要面向的是能力较强的员工，因此与语言上的忠诚相比，行动上的忠诚更重要。

忠诚度标准一：能否服从指示。团队的工作效率和效果，取决于下属能否忠诚地执行指示，所以领导特别看重执行。能力突出的骨干员工通常可以做到领会领导的意图，也一定具备基本的工作能力，所以他们能否不打折扣地执行领导的指示，是领导判断他们是否忠诚的一个标准。

忠诚度标准二：立场是否与领导一致。有些人在行动上贯彻领导的意志，但内心可能阳奉阴违。我们只有在立场上与领导保持高度一致才可能是真正的忠诚。要避免领导的猜疑，我们就要把自己的利益点协调到和领导、所在团队一致的位置上。只有利益高度一致，我们才可能在精神和行动上与领导共振。

忠诚度标准三：是否懂得感恩。领导把权力、资源和机会给我们，本质上是一种交换行为，他最希望换回的是我们的感恩和忠心。这既是情感需要，也是利益需要。得到领导的帮助后，我们做出的反应是领导判断下属品行的重要依据。任何领导都不希望自己培养一个拿到好处就翻脸不认人的下属。懂得感恩并不是一定要感恩戴德地想着如何回报领导，而是通过各种言行由衷地展示尊重和感谢。这才是真正的感恩。只要我们心里有感恩，领导一定看得到；如果我们心里没有感恩，表面的花样弄得再多，领导也一定会看在眼里、记在心里。

很多有能力、有抱负的朋友容易遭遇一些没有必要的误会。能力强是好事，但表现得过于抢眼也会给自己带来麻烦。安全的做法是一方面充分展示超群的能力，另一方面要极力避免出风头的嫌疑。我给大家三点建议，在这方面有烦恼的朋友可以在和领导的接触中实践一下。

建议一：适可而止。我们可以聪明，但不要过头。例如，我们和别人一起讨论工作时，因为能力出众，很快找到了解决方案，这时候就不要推进得太快，而要等等旁边的同事："我说的只是一种可能，大家一起想想还有没有别的可能？我这个方案有没有什么漏洞？"这时我们就不是一个人在努力了，大家会一起想办法，完善方案。不要担心别人抢走我们的功劳，每个人心里都有一杆秤，知道谁才是关键人物。而我们也做到了适可而止，没有让其他人不舒服。

建议二：不要"凡尔赛"。现在"凡尔赛"已经成为日常用词了，有些人本来条件很好或做事很出色，偏偏喜欢变着花样地炫耀，惹人厌烦。为什么大家都不喜欢这种行为呢？因为没有人喜欢在比较中处于劣势。如果一个人在团队里表现优秀，做了几件漂亮的事，就比较容易骄傲。人总是这样，成功了就归因于自己的努力，失败了就抱怨环境给自己制造障碍。其实，我们很难精准说出某件事成功到底是因为个人努力，还是凭借运气？这就给我们指出了反"凡尔赛"的道路：如果有人祝贺或羡慕我们的成功，我们应该多谈运气，少谈个人努力，多谈自己付出的代价，少谈取得的成绩。"好几个人有这个想法，只有我做了尝试，结果真成功了。""我也有压力啊，因为这件事，我耽误了好多事情。"我提倡这样的表达，并不是在教大家变得虚伪，而是希望大家能站在同事和领导的角度沟通，让其他人的心理平衡一些。而且，这也有助于我们建立更清醒的个人认知。

建议三：不要独揽功劳。一定要记得，即使能力出众，我们还是集体的一员，要承认他人的价值。我们常常听到那些高情商的人的发言："在这件事上我取得了一点成绩，要感谢领导，领导给了我很多启发，领导给了每一个人思考、创造和努力的空间，所以我才有机会获得这个成果。"这听起来是在谦虚，但其实也是事实。对于同事，高情商的人会说："大家经过反复讨论，帮助我梳理了思路，所以最后我才能得出结论，找到解决问题的办法。"这是谦虚吗？可能是，但这也是事实。我告诫大家不要独揽功劳，并不是希望大家一味谦虚，实际上也是想提醒大家建立更清醒的个人认知。

综上所述，能力较强的朋友如果遇到了心胸不够开阔的领导，如何避免领导误会就是一个很大的挑战。首先，不要抢功，不要示强，不要越权；其次，要想办法让领导感受到我们的忠诚，服从领导的指示，和领导保持一致的立场，对领导的帮助和支持要懂得感恩；最后，领先同事要适可而止，取得成功不要"凡尔赛"，有了功劳不要独揽。

接纳领导批评：收起玻璃心

职场就像莫斯科，不相信眼泪。即使玻璃心碎得满地都是，我们也只能把自己扎得遍体鳞伤。本节要谈的就是如何接纳领导的批评。

常在河边走，没有不湿鞋的。我们一周上 5 天班，每天 8 小时——且不说什么"996"。每天这么长时间都处在领导的监管之下，怎么可能事事都做得圆满？自己犯了错，受点批评是理所当然的。我们怕的是自己没有犯错而受到批评。这种情况下，很多朋友就觉得委屈，要么当面发作、顶撞领导，要么暗自垂泪、耿耿于怀。有些朋友的气性大，一旦觉得不公平，就心生怨恨，当场和领导反目，甚至长期和领导对着干。如此发作之后，自己心里是舒服了，但这显然是有后果的。还有一些朋友虽然不敢发作，但是心有不甘、情绪低落，工作也受到了影响。这些反应其实都是没有必要的。面对领导的批评，我们最重要的是搞清楚情况，在内心深处厘清自己的责任。

批评情况一：工作错误。这是最常见的情况，也是我们最应该收起玻璃心的情况。领导的职责之一就是监管下属的工作，指出问题，提升效率。如果我们的工作真有错误，那被批评是很正常的。而且从行动层面来看，如果领导可以指出我们的问题和改进方向，我们下一步就可以有针对性地调整。如果我们的工作明明有问题，但是领导看不出来，或者干脆视而不见，故意不批评、不理会、不指导、不监督，那更可怕。有些批评可能会伤害我们的自尊，但属于良药苦口的情况。既然我们犯了错，再苦的药也要咽下去。

批评情况二：情绪发泄。自己犯错后受到领导的批评，属于"罪有应得"的批评，但"飞来横批"的情况也不少。批评情况二是领导发泄个人情绪。这确实让人委屈，但是我们不能拿别人的错误来惩罚自己。领导这样做是他的修养和水平问题，无论真实原因是什么，把自己的情绪发泄到别人身上都不值得原谅。那作为受害方的我们该怎么办呢？这取决于我们能承受的后果。我们需要权衡一下，如果反驳回去，能否承受住后果。如果我们能承受住，那不妨尝试沟通，不要拿别人的错误惩罚自己；如果目前还不能承受，不妨先忍一忍，退一步海阔天空。

批评情况三：无辜牵连。这种情况就更让人委屈了，也更考验我们的心理承受能力。例如，领导对某件事了解得不太全面，他以为是我们的责任，但实际上跟我们没有关系。这个时候如果我们受到批评，肯定会非常委屈。但是要记住，不要马上反驳。我在前面讲过，要学会给领导面子，既然他是无心之失，我们心里知道自己只是被无辜牵连的，为何不等到风平浪静的时候再找领导解释清楚呢？如果我们当场发作，就算领导最后知道我们是无辜的，双方也很可能因此伤了和气，这才真正是被无辜牵连了。

批评情况四：借题发挥。就像前面讲过的一样，如果我们有过越级汇报的情况，触犯了领导的底线，他可能当时没发作，等到后来遇到一个芝麻大的小事却大发雷霆。这时候我们心里要清楚，他是在借题发挥。他批评的对象是 A 事件，但真正的根源是 B 事件。这时候我们没必要在 A 事件上过多地解释，不如当作自己的错误承担下来算了，因为虽然我们在 A 事件上没犯错，但毕竟在 B 事件上错了。我们最好能在承认错误的同时，借助 A 事件和 B 事件的关联，让领导知道我们认识到了 B 事件的错误。如果能做到这一点，我们和领导就有可能冰释前嫌，继续回归融洽的沟通关系。

批评情况五：借机敲打。我刚工作的时候，就经历过这样的事情。领导有时是在批评我，实际上是在敲打所有人。领导需要批评老员工，但碍于情面，就找个有类似问题、资历浅的员工敲打一番。遇到这种情况时，由于我们是代人受过，也不太好辩驳，直接承担下来或许是更明智的选择。

批评情况六：树立威信。在新领导刚上任，或者老领导遭遇新困难的时候特别容易出现这样的情况。不过这种

情况和借机敲打类似，领导并非专门针对我们，后果不会
太严重。除非我们当场发作，导致冲突升级，那就可能引
火上身了。

理解了领导批评的不同情况，我们再来谈谈如何正确
地面对批评，把握好应对的分寸。应对领导批评有三个策
略，它们分别对应着不同的应对水平。

应对批评的下策：马上辩解。面对领导的批评，有时
候我们的确需要解释，但马上辩解是不可取的下策。首
先，领导正在气头上，很难理性地接受我们的解释；其
次，马上辩解很容易让领导觉得我们是在找借口和推卸责
任，缺乏管理情绪的能力；最后，如果这种批评和辩解是
在公共场合，就会浪费其他同事的工作时间，我们不如等
事后私下找领导沟通。

应对批评的中策：保持沉默。比马上辩解稍微好一点
的应对策略是保持沉默。保持沉默的积极意义在于，至少
我们没有辩解，没有推卸责任的嫌疑，没有升级冲突的企
图。但它也有负面的暗示。当我们受到批评，坐在那里沉
默不语，是在表示无声的反抗，还是在给大家甩脸色呢？

这很容易造成误解，让其他人留下不好的印象。而且沉默是一种唯唯诺诺的状态，当我们挨了批评，还只说"好好好，对对对"，这容易让其他人觉得我们无能。所以，保持沉默也不是一个好的选择。

应对批评的上策：认错并引向行动。第一步，我们要承认错误。这是态度问题。"是的，这件事我确实做错了。"第二，我们要说清楚错在哪里，明确犯错的原因。这表明我们真正理解了领导的批评。"您的批评确实对，这件事我在……有问题，是由……造成的。"当表达清楚这两层意思后，我们就要把话题引向行动，这才是应对批评的关键。

对于不同的批评情况，我们可以把应对原则进行简单的分类：凡是错不在我的批评，应对的关键都是态度；凡是错误在我的批评，应对的关键都是行动。既然错误在我们，领导关心的当然是我们会如何改正，而我们应该关心的是如何展现自己的能力。这都要体现在行动上。如果我们确实能解决问题，就给出解决问题的时间计划和技术方案，最好再加上领导可以验收的时间。

到了这个阶段，一场针对我们的批评已经变成了"现场办公会"。领导展现了自己的能力，因为他发现了问题。我们也展现了自己的能力，因为我们解决了问题。各自都有推进，各自都有收获。对于有错在先的我们来说，这当然是很完美的结局。

通过回顾本节我们不难发现，无论哪一种批评，无论领导的批评是蜻蜓点水还是大发雷霆，我们都要收起玻璃心，以理性、务实的态度寻找最有利的应对策略。不要忘记，在职场，一切沟通的目的都是个人效能的最大化。

应对领导异变：兵来将挡，水来土掩

本节标题中的"异变"，不是指领导自己有什么变化或反常，主要是指他对我们的态度"不一样"了。对于职场人士来说，任何变化都是值得高度关注的，何况这样的变化出现在我们和领导之间呢？在"借力上级"的最后一节，我们就来看看应该如何应对领导的各种"异常"态度。

领导异变一：主动接近。正常情况下，我们和领导的距离远近会有一种微妙的平衡。如果我们最近明显感觉到领导的主动亲近，不能只顾着高兴，而要抓紧时间反馈和示好，同时注意谨言慎行，并好好分析原因。

领导主动接近，往往只有两个原因。一个原因是了解情况，可能是出于某些原因他要深入了解我们的情况，也可能是他想通过我们了解别人的情况；另一个原因是修复关系，可能之前他和我们有过龃龉，他现在又有所需要，于是主动过来交好。

有的朋友觉察出领导想要修复关系时，可能会摆起架子，心想：上次你对我不公平，现在跑来示好，我才不理你。这是没有必要的。领导主动示好，并不一定是因为多喜欢我们，无非是出于工作需要罢了。那我们也应该想一想，有没有工作方面的需要？为什么不借此机会改善关系？别人投桃过来，我们报之以李，才是更积极的做法。

在刚出现这种变化时，很多人往往不清楚原因。但不管是什么情况，我们都要对领导的态度做出回应，就算只是为了搞清楚原因，也应该多和他交往。同时，一定要谨言慎行，因为这时候我们的一举一动都可能造成不可挽回的损失。在反馈示好、谨言慎行的同时，我们还要通过各种渠道收集信息，尽快判断领导到底是何意图，对可能出现的不利情况有所防备，对可能出现的有利情况有所准备。

领导异变二：刻意疏远。当我们碰到领导刻意疏远的情况时，不要慌神，最重要的还是找出背后的原因，然后放平心态，从容应对。

领导疏远我们，可能是和我们的关系出了问题，他不再信任我们，有意地做一些防备。这种情况比较危险，大家一定要好好检讨自己的言行，是不是在什么时候伤了领导的面子？是不是有什么事情让他觉得我们不够忠诚？是不是存在抢功、示强、越权的行为？在确定问题后，不要回避，创造机会主动找领导示好，私下和领导沟通清楚，自然可以消除隔阂。

领导刻意疏远也可能属于一种常见的管理手段。他可能在保护自己，也可能在保护我们。例如，他之前和我们的关系较为亲密，是不是引起了什么人的猜疑，从而让他有所调整？

刻意疏远还可能是一种考验。有的领导会通过刻意疏远观察下属的反应。有的人就受不了这种反差，面对领导的刻意疏远，到处抱怨，说领导的坏话，见了领导也爱搭不理，甚至甩脸色。如果这些人和领导的关系本来没有实际的裂缝，这种应变态度就相当于撕开了裂缝，双方可能因此彻底疏远。

领导异变三：频繁打压。 如果领导突然开始频繁打压我们，这比刻意疏远严重，也会给我们造成非常大的压力。

如果我们一时找不到原因，也没有更好的化解之道，我教大家一招——敬而不怨。我们要展示出诚恳认错的态度和自己的敬畏之心，让他先从心理上得到补偿；同时不要私下抱怨，而是抓紧时间分析原因，想办法和领导沟通、解释，尽力修复关系。

我小时候经常挨打，后来和朋友聊天时就问："为什么挨打的人总是我呢？"后来我发现：自己小时候特别倔，特别不会变通，之所以挨打，是因为我总是那个不服的人。很多小朋友从来不挨打，他们一看爸妈脸色不好就马上认错，大人的气也基本上消了。

职场的情况当然不一样，但道理是一样的。我们也可以借鉴这种方式，在没有更好的选择时，先保持敬畏之心，态度诚恳地承认错误。所谓好汉不吃眼前亏，接下来，我们再想办法解决问题。如果只是误会，我们自然不难沟通清楚；如果打压只是开始，那我们最好早做准备，如为去其他部门、公司和行业做准备。

领导异变四：过于尊重。当领导突然变得非常尊重下属时，有的人就非常得意，觉得自己的努力终于获得了回报，自己的实力得到了尊重。这种心态相当危险，如果领导在语言、行动上都表现得非常尊重我们，说明我们和他之间是有距离的。客气是距离，尊重也是距离，这时候我们更要注意把握和领导相处的分寸。

面对领导的尊重，我们要学会谦虚恭敬，而不是照单全收。领导非常尊重我们，说明双方缺乏深层次的信任。既然领导很客气，作为下属，我们要更客气，以此表明态度：虽然我做了一些工作，但还是愿意服从领导的安排，积极配合。

领导异变五：充分信任。领导充分信任我们当然是一件值得高兴的事。但在建立信任的初期，这种信任还很脆弱，我们一定要小心应对。记住我的一句话：面对领导的信任，我们要保持水平、坚定态度、主动承担。

第一，要保持水平。要维持并不断加深领导的信任，我们首先要保持水平。一是保持工作水平，信任大多源于工作能力，所以我们完成工作的水平不能下降。二是保持待人接物的水平，不能因为领导的充分信任，我们就在团队内部恃宠而骄，得罪一起工作的伙伴。

第二，要坚定态度。对领导的尊重服从要坚定，对领导的支持要坚定，对领导的"依赖"要坚定。这种"依赖"不是事事都要仰仗领导帮忙，而是要坚定地继续找他汇报工作。虽然领导给了我们信任和一定的授权，但这不意味着我们不需要和领导沟通了。我们仍然需要及时地汇报关键的决策和重要的结果。

第三，要主动承担。既然领导充分信任我们，我们就要学会多承担一些责任，多挑战一些困难。这个时候不是思考"做多错多"的时候，而是考验我们是否有担当，是否能抗事的时候。担心犯错受罚，遇难则退，会让领导认为我们在关键时刻无法被信赖。我们只有发挥出更大的潜力，才可能获得更深层的信任，以及更多的机会和资源。

总之，当领导对我们的态度发生变化时，我们只能随机应变，及时做出调整。如果领导突然主动接近，我们就要认真分析原因；如果领导刻意疏远，我们更要尽快找到原因；如果领导频繁打压，我们就要敬而不怨，为自己争取时间和空间；领导越尊重我们，我们越要谦虚恭敬；领导越信任我们，我们越要保持水平、坚定态度、主动承担。

到这里，我就把如何借力上级的内容讲完了。总而言之，我们要用谨慎、理性的态度解决遇到的各种问题，切忌情绪化的言行和没必要的内耗。我们要针对不同的情况，采取不同的应对策略和技巧。基本的原则就是要深刻理解领导的意图，顾全领导的尊严，避免领导的误会，注意接纳领导的批评，灵活应对领导的异变。

上述内容虽然以启发大家的认知为主，但也涉及实际操作，既需要大家多加对比自身情况、深入思考，也需要大家在工作中多加运用、时时领会。机遇只偏爱有准备的人，只有时时处处多用心，才可能抓住时时处处可能出现的机会。

等我们经历各种考验，和同事们建立良好的沟通与合作关系，和领导们建立相互依赖、相互支持的共生关系后，我们就更接近领导岗位了。职场生涯漫长，当我们处在基层员工的位置时，要学会与同级、上级沟通。但当我们开始负责某个项目，需要调度人员和资源，或者成功晋升管理岗位时，也需要转换思维，站在管理者的角色，掌握一些向下沟通的方法和技巧。

第三部分

兼容下级

● ● ●

适应管理者的角色：做好角色定位

中层在组织中承担着最多、最难的沟通任务，向上要获得领导的认可和支持，向下要获得员工的服从和尊重。如果缺乏必要的沟通技巧，中层就会处在上不满意、下不听话、两头不讨好的状态。很多员工在刚成为管理者时的心情是"还不如让我干业务呢，烦死了"。

其实管理本身是一个新的技能，我们需要经过学习和练习才能快速掌握这项技能。大家千万别在日常的琐碎中追着问题解决，而是应该先了解其中的规律和门道，否则就会陷入"硬办法不敢用，软办法不顶用"的状态。

管理者本身也是一个角色，演好角色首先要做好角色

定位。==在我看来，向下沟通最重要的是做到不失德、不失位。==

　　一个人能够给其他人施加的影响实际上分为两种：强制性影响和非强制性影响，我们也可以把它们称为"硬权力"和"软权力"。硬权力一般是指组织的授权，如奖惩权、推荐权、考核权，这种权力可以让下属不得不服从管理。软权力更多是指个人的能力和魅力，没有强制性，而是通过接触和合作引发下属自发主动地完成各项工作，创造佳绩。

　　我讲的"不失德"就是指平衡好这两种权力。管理者既要用好自己的管理工具，有权威；也要让下属心服口服，有口碑。很多管理者之所以在向下沟通中难以取得预期效果，就是因为不理解这两种权力的意义和作用，或者因为缺失其中一种权力而使沟通变得低效。例如，有些新手管理者刚走上管理岗位时担心不服众，特别敏感，会拿硬权力做文章，如在分配任务的时候有意刁难，或者当众批评下属等。虽然这些行为看似有些效果，但是这些领导会因为"失德"让下属有心理抵触，引发消极合作。从表面上看，下属顺从了他们，但在实际工作中会出现很多工作推进困难或执行不到位的情况。如果管理者因为权力使用不当而让自己丢失了口碑，还会面临一系列的负面情况。

有些管理者错误地理解了"失德"，想成为老好人式的领导，结果出现"失位"的情况。失位就是不称职，如在管理中过于软弱，心肠软、耳根软、表达软，造成权威下降，最终导致工作推进困难。下属不服会导致工作难以产出结果，没有结果又会让上级和下属都不满意。所以大家要想做到兼容下级，使上下级的沟通顺畅，一定要理解"硬权力"和"软权力"，平衡好"德"和"位"的关系，做到不失德、不失位。

三种常见的向下沟通方法：攻心、利诱、令逼。

我们在向下沟通的过程中要做到"不失德"和"不失位"，还要注意理解人性的三个层面。它们也对应三种常见的向下沟通方法：攻心、利诱、令逼。

如果从人性的角度分析，人的大部分选择和行为是被"收益"和"损失"驱使的。我认为职场中的收益和损失主要分三个层面：物质层面包括实际的收入、福利、保障等；位置层面包括组织授予的管理权、决策权、自主权等，以及个人影响力这类来自社会的认可；自我认知层面主要包括自我评价和自我认可。员工对这三个层面的满意度会直接影响他们在组织中的表现。

攻心对应自我认知层面，而利诱和令逼分别对应物质和位置层面。攻心和利诱在于让对方有所得，愿意服从和配合。而令逼更多是指硬性的指挥，让下属有安全忧患，担心自己有所失而不得不配合。

攻心是管理者"软权力"的体现。管理者通过调动人的自主性，使管理更加人性化，更有弹性。管理者通过和下属进行高质量的沟通来获取对方的信任，提升对方的自我认可度、满意度、归属感等。但是这种管理方式的成本很高，管理者需要对下属有足够的了解，如果管理的人员众多，一一实现很困难。

利诱是在本能上驱动人。事实上大多数人也是因为利益关系才存在于组织中的。虽然利益这个词听上去比较功利，但工作就是为了生存和发展，满足人们的物质和精神需求，所以大家不妨用平常心来对待。给予下属符合预期的回报，或者向下属恰当地描绘有可能的回报，就能激发大部分人的主动性和执行力。我需要提醒大家的是，管理者可分配的奖励资源有限，所以利诱操作不好就会被认为是"画饼"，从而引发信任危机。

令逼是通过管理工具，用命令的方式迫使下属行动。令逼这个词虽然给人的感受并不舒服，但在一些关键时刻，令逼才更有效率，更能完成目标。因为管理者和员工在认知上是存在差异的，所以管理者追求事事解释到位，获得所有人的理解并不现实，在必要的时候先推进工作才是更好的解决方案。有些时候，只有看到工作取得的结果，员工才能明白领导坚持推进的良苦用心。我要提醒新手管理者的是，经常使用令逼会引发"失德危机"，造成下属情绪的反弹，影响下属的整体表现。

这三种向下沟通的方法是管理者必须理解并且灵活运用的，否则向下沟通就会变成"光讲道理"的空谈，或者"不讲道理"的硬压。

向下沟通要维持合理的距离感。

任何有价值的人际关系都要有分寸。管理者要想拿捏好这个分寸，就要学会和下属保持合理的距离。

如果管理者和下属的距离太近，让下属看透、摸透，就会降低自己的权威，难以施展管理手段。我有一个学员，她被提拔到中层后始终进入不了新的角色，担心原来的同事说自己耍官腔、升官忘本。所以她在和下属沟通的时候还保持原来的姿态，事事好商量，结果任务经常布置不下去，提出的要求也没人认真做。为了不影响工作结果，她不停给下属补位，领导责怪她缺乏管理能力，下属还不断地抱怨，在工作上和她讨价还价。当她下定决心要硬气一点时，没人记得她的好，她还是成了别人嘴里"升官忘本、翻脸不认人"的人。

如果管理者和下属的距离太远，双方很难彼此了解并建立情感链接。最终结果就是沟通效率低，管理者很难做到"攻心"，下属有各种猜测，团队凝聚力受到影响。

为了方便大家操作，我给大家两个思路来维持合理的距离感。

对待单一下属：工作为主，别太亲近。

如果你所在的企业或部门只有你和一个下属，不要让对方产生"相依为命"或"闺中蜜友"的感觉。因为距离过近时，对方非常容易在角色上错位，有平起平坐、万事都可商量、不需要服从的错觉。上下级之间要保持一定的心理距离，减少与工作无关的深聊。领导应该在工作层面给予下属支持和指导。如果对方从下属的角度向你求助个人问题，你可以根据具体情况，首先从部门和组织的角度给予帮助，其次才是个人角度的帮助。

对待多个下属：维持平衡，保持公正。

人多了就会有圈子，形成各种小群体，小群体里的每个人又各自有自己的利益诉求。面对多个下属，管理者要考虑和每个人的关系和距离，避免"亲疏有别"带来的猜测和对立，使群体形成最大合力。管理者通常要注意工作安排是否相对合理，绩效考核是否相对公正，与下属接触的频次和深度是否相对透明。从客观上讲，亲和疏一定会有，但管理者一定要兼顾全局，考虑到大多数人的观感和想法，避免没有必要的麻烦。

有一种情况需要特别说明：当上级和下属在物理距离上比较远，如管理者和下属在两地办公、不经常见面，或者下属是不需要每日坐班的人员等，管理者要注意和下属拉近心理距离，增加彼此的了解，进一步熟悉对方的真实状况。这样更有利于保证工作绩效。

管理者更要谨言慎行。

和基层员工相比，管理者更要谨言慎行，因为你的言行会被更多人解读。如果你的表态和表达不恰当，就会带来管理上的南辕北辙。毕竟下属会根据你释放的"信号"调整自己的态度和行为。

我有一个学员，当时他刚成为部门负责人，希望多给员工鼓励，激发大家的工作热情。他们部门经常需要做PPT，目的是提升内部工作的效率。当然，PPT不要求太过复杂和花里胡哨。有位员工平时比较内向、缺乏自信。某次会议上，我的这个学员专门表扬了这位员工的PPT样式新颖、配色协调。他的本意是鼓励这位员工建立自信，但是其他人误以为领导更重视形式上的美观，结果就是很多人花费很多时间来美化自己的 PPT。

　　作为管理者，如果你当着员工的面抱怨上级的工作安排，可能你只是发泄当下的情绪，但你对这项工作的态度很可能会被传播，导致其他员工不再重视这项工作，最终影响工作结果。很多组织都有这样的情况：白纸黑字的规章制度和工作计划不见得执行到位，但领导对于某人和某事的态度直接影响下属的工作态度和产出。

第二节

充分了解下属：向下沟通的三个关键

管理者需要掌握三个关键信息以达成高效的沟通。

第一，要掌握下属的工作动机和目标。这是攻心、利诱，以及刺激员工行为的关键。现在很多人工作不是只追求升职和加薪，有些人是为了将来创业积累资源，有些人是为了给自己找点事做。管理者要想正确地引导和管理下属，必须了解下属的需求。例如，对于想要在未来创业的员工，升职不是他最根本的需求，但如果你能让他知道"取得好的工作成果可以获得个人背书、高质量的人际资源、前沿的行业经验等"，他就会更有动力提升工作业绩。你可以在沟通交流中通过以下问题侧面了解员工的想法。

- 你希望提升哪方面的能力？为什么？
- 你希望在哪方面有所成长？
- 你希望五年之后处于职业发展的哪个阶段？
- 你希望五年之后的生活状态是什么样的？

一般来说，职场中有五种常见的个人动机：权力、收入、能力认可、资源积累、清闲舒适。权力对应的是升职，收入对应的是加薪，能力认可对应的是来自行业的认证、获奖情况、职称及来自上级的表扬等，资源积累包括人际关系、经验、核心技术等，清闲舒适对应的是稳定、寻求付出和回报的性价比。

第二，要了解下属的优势和劣势。这是用人、培养人的关键。有些有潜力的员工没有被安排在合适的岗位上，所以表现平平，甚至工作的积极性被打击。用人不当不仅会影响工作结果，也是管理者的失职。如果管理者能培养出优秀的人才，不仅会在工作上多一个得力干将，也能展现自己的管理水平和管理能力。你可以在日常交流中通过以下问题来了解员工的优势和劣势。

- 对于未来工作，你有哪些规划？你希望朝哪方面
  发展？
- 你在某件事情上表现得很好，想不想在这方面有所
  突破？
- 你平时有哪些爱好？它们分别达到了什么水平？
  （人往往会对有优势的事产生兴趣和成就感。）

第三，要了解下属的担忧和顾虑。这是获得预期工作结果的关键。管理者如果不了解员工的工作状态，自以为是地认为对方应该可以胜任某项工作，往往会在验收结果的时候大失所望。这种情况不仅影响下属的工作效率，还会造成管理者和下属之间的隔阂和误会，影响双方未来的合作。有些员工不敢向领导提建议或请求帮助，担心主动说出问题会影响自己在领导心里的形象或遭到批评。对于这样的下属，管理者应该主动询问，了解对方的水平和顾虑，综合考虑工作安排的合理性。管理者可以通过以下问题来了解员工的担忧和顾虑。

- 对于这项工作的关键环节，你有什么设想？（下属

如果找不到关键环节，说明他并不理解任务；如果设想不符合要求，说明他的理解不到位，你要及时纠正和指点。）

- 对于完成这个目标，你认为有什么困难？（下属指出的困难和展示出的担忧就是他缺乏信心的部分，你可以和他一起讨论并帮助他解决。）
- 你希望我给你提供哪方面的支持和帮助？

只从工作结果、员工态度等倒推判断，是很难深入了解一个人的。以上三个关键信息对于判断员工的能力、潜力，做出合理的工作安排，建立彼此信任的上下级关系，达成高效的沟通及提升管理效率，都有很大的帮助。

灵活应对"刺儿头"：三个沟通原则

管理者有时会遇到一些难以驾驭的员工，我称之为"刺儿头"，如创业元老、上级亲戚、业务高手等。由于历史原因、复杂关系或组织性质，管理者有时很难说服和引导这样的员工，也很难使用管理工具把他们清除出队伍。面对这种情况，大家千万不要陷入长期的对抗和负面情绪中，把这些人对于部门利益和个人权威的影响降到最低是一个相对合理的管理目标。具体可以参考以下三个原则。

第一，要敢于敲打，建立威信。

管理者在和刺儿头的交锋中过于退让、失去原则，不仅得不到刺儿头的认可，还会失去其他下属的心。抓住对方工作中的问题，按照规章制度进行处罚，给对方下马威也是在给自己立威。当然，管理者也要在工作中保持严谨公正。

第二，要抓住需求，安抚维稳。

从现实和人性的角度来看，刺儿头之所以没有离开这个组织，一定有自己的顾虑和需求。管理者可以了解他们的核心诉求，在合理范围内满足需求，或者让对方拥有相关的期待，使对方放下对抗的姿态，愿意为自己的目标选择合作。

例如，对于创业元老，你要给予足够的尊重和认可，用征求意见的姿态谈话可能会有好的管理效果；对于上级亲戚，你可以借此机会和上级有一个深入的交流，了解上级的想法和对你管理的期待，而不是凭借猜测一味讨好或远离；对于业务高手，你可以明确指出他的优势和劣势，公正地给予评价，讲出你对他的期待和培养设想。

理解和认可是每个人都需要的。当你能够识别对方的真实需求，并且真诚地和对方沟通，从对方的角度考虑问题，从工作实际出发引导对方，就有可能把问题转化为双赢的结果。

第三，掌握核心，占据主动。

不是所有需求都能被满足的。如果刺儿头占据了核心位置，掌握了核心资源，对于管理也是巨大的隐患。制衡、架空都是你应该考虑的管理方式，使用这些方式的目的并不是解决个人恩怨，而是保证组织更健康、更有效地运转。如果沟通没有效果，并且刺儿头持续给团队带来负面影响，你就要考虑将其调离当前位置，拿回重要资源。

核心认知篇是让大家对职场的沟通表达有一个明确的操作原则。原则确定了，方向才会对。很多人觉得遇人不淑、职场不顺，而顺的关键就是方向要正确。大家还记得我在前言中提到的要知己、知彼、知境、知机吗？本篇内容就是要让大家在真正开口之前做到心中有数，而不是凭感觉重复过去的低效言行模式。

场景实践篇

　　说到底，沟通是人的行为，再透彻的道理最终还是要落到实践中的。行为不改变，结果就不会改变。有一句非常流行的话："道理都懂，但做到很难。"对于沟通这件事，我负责任地告诉大家：没有做过，你是无法真正懂得道理的。因为沟通是双向的，只有在实践中，你的表达才会得到对方的反馈，你也才能有真实的体验和感受。这些反馈和感受的积累才能形成你的沟通经验。所以，你想要真正提升职场沟通能力，必须大胆地实践。

　　本篇结合核心认知篇的内容梳理了职场中常见的案例和一些具体的操作方法及话术。我强烈建议大家应用，不用贪多，一次运用一个方法或话术，观察对方的反应和变化，然后复盘总结，你会发现自己沟通能力的提升速度超出自己的想象。

场景 1

熟悉的陌生人

午饭的时候，新同事已经端着餐盘坐到了对面，可你不知道该说什么，感觉特别尴尬，气氛冷得让人哆嗦；你被安排和不熟悉的同事一起出差，因为之前没有太多的交集，面对面坐在一起的时候不知道能聊什么；大家一起做项目，团队里有一个年龄比较大的同事，你感觉和他没有什么共同话题，自己喝奶茶，人家喝绿茶，自己打"王者荣耀"，人家打纸牌，差别如此之大，该如何"破冰"呢？

你认识他，而你们又不熟，但是你又必须和他熟悉起来，如何和这样的同事打交道是年轻朋友经常要面对的一个问题。无论是你刚到一个新单位，还是自己的单位里来了一位新同事，这样的情况都会出现。为了帮助大家彻底解决这个问题，我总结了四个关键词，保证让你和职场中的陌生人尽快熟络起来。

第一个关键词是大方友善，第二个关键词是保持同频，第三个关键词是适度热情，第四个关键词是宽而不深。

所谓大方友善，就是不排斥别人，展现出一种愿意和别人积极沟通、真诚交流的态度。待人的态度不仅体现在语言中，还体现在表情和肢体语言上。如果你给人的感觉是"我不想和你多说"，那双方很难展开沟通，也很难建立良好的合作关系。所以，要想和别人建立良好的沟通关系，你首先要表现出大方友善的态度，而且这并不困难。

第一，一定要学会主动打招呼。很多时候你见到陌生人或不太熟悉的人会觉得尴尬，总想躲一下，其实这样不好。换位思考一下，如果看到对方出现躲闪、回避的动作，你的心理感受是什么？"他似乎不想和我交流，不想认识我""这个人好像不善沟通，社交能力比较弱"等都不是好印象。所以，你一定要大大方方地主动打招呼："您好，又见面了！""嗨，这两天过得怎么样？"这并不困难，怎么打招呼都可以，只要你主动开口了就行。

第二，一定要和对方有眼神的接触。这件事特别重要。我刚才提到的躲闪，既包括肢体动作的躲闪，也包括眼神的躲闪，而保持眼神的接触是对对方的一种尊重。

很多朋友可能会说："我能理解你说的道理，但我真的不敢看对方的眼神。"如果你真的不敢直视别人的眼睛，就看三角区，也就是由两只眼睛和眉心构成的三角区。盯着对方的三角区，你不会有和人对视的感觉，但对方会感觉你在看着他的眼睛。还有一个办法，就是用自己的视线去找对方的睫毛："咦，这根睫毛在这儿，那根睫毛在那儿。"当你脑子里想着这些细节，就不会陷入和对方眼神接触的紧张中，但在对方看来，这却可以有和眼神接触一样的效果。如果你刚开始觉得不容易把握，可以和朋友一起练一练，看看能不能有"眼神接触"的效果。

第三，保持微笑。我在前面提过，微笑会让声音更好听，而微笑在视觉上给人的感觉也是友善的。同时，微笑能体现出一个人的自信，还可以让你的心情变得更好。因为人的表情和大脑是有关联的。表情积极时，大脑接收到的信号就是积极的，你带给其他人的整体感觉也是积极的。所以，微笑这件事也很重要。

上面三点都不难，只要你做到了，给别人的感觉基本上就是大方友善，而不是那种拒人于千里之外的冷漠和小气。

第二个关键词是保持同频。也就是说，你要找到和对方谈得来的话题，从共同话题开始聊。很多人可能会觉得，我和眼前这个人的差别实在太大，真的不知道该从哪里开始聊。我接下来就把这件事讲透，让大家知道如何和不熟悉的人保持同频。

首先是找开场话题。例如，你正吃着午饭，对方端着盘子过来了，你就先跟他打个招呼，然后交流一下眼神。等对方在对面坐好，你就要准备好开场话题了。

第一类话题可以从他的状态展开。我教大家几个非常简单的万能话术。第一个是"看您最近挺忙的"。不管他忙还是不忙，这都可以打开话匣子。他要么说"还行还行，你怎么样"，要么说"忙死了，这件事……"。无论如何，你都可以打开话题。你也可以说"看您这两天气色挺不错的"，这也是很安全的开场话题。一般来说，如果一个人的状态特别不好，他也不会主动坐到你旁边聊天。就算他否定了你的判断，你也可以打开话题。

第二类话题可以从天气展开。既然有"寒暄"这样的词从古代传下来，就说明从古至今，大家都是从问天气冷暖开始应酬的。而如今所谓的"聊天"，也可以被理解为谈天说地。对于刚刚建立关系的双方来说，天气是一个万无一失的话题，谁都可以接下去。

第三类话题可以根据环境和物品展开。吃饭的时候，桌上的食物、对方今天穿的衣服、他随手拿的工具或身上的饰品都可以成为话题。你们共同所处的环境怎么样也是一个话题。例如，你可以说"您这条项链挺好看的"，这就是一个不错的开场话题。但只是导入话题还不够，因为对方可能会因为只有一句夸赞而感到尴尬，不知道怎么接话。如果你在后面补上"我一直想买一条，但不知道怎么选"，对方就很容易接下去了。或者你可以说："我看您挺喜欢吃辣的。我知道有家川菜馆叫……您吃过吗？那里的麻婆豆腐做得特别地道，要不我把这个店推荐给您？"

有了开场话题，如何通过聊天与对方保持同频呢？你仍然需要找到一个可以多聊一会的共同话题，这个话题最好能给对方留下良好的感觉和印象。

你可以聊新闻。因为新闻不仅能展示你的关注点，还可以让你表达一些自己的看法，并试探对方对这个话题是否感兴趣。例如，你可以聊这两天刚看到的一个新闻，但不要简单停留在"您看了吗"这样的层面，而是要发表自己的看法。这本身就是一种自我展示，也方便和对方展开交流。如果对方说没看，就说明对方对这类新闻不太关注，或者对这方面的话题不感兴趣。那你就可以问他："您一般都看什么样的新闻？您关注什么？"这又可以创造新的话题。如此拓展下去，你总能找到同频的内容。

当然，如果你不想聊社会新闻，也可以聊身边发生的新鲜事。"听说下个月咱们部门要去团建，您之前去过吗？觉得有意思吗？""噢，那我需要注意点什么呢？""上次公司团建的时候发生了……当时……"这个话题一开始，无数个话题就可以延展下去了。

你也可以聊兴趣。如果对面的人四五十岁，你才20多岁，有哪些共同的兴趣呢？你们可以聊健身，"您一般做什么运动？我看您的身材保持得挺好的。"他可能说："我其实也不怎么运动，可能我的体质就是这样吧。""哇，那真的是挺不错的，我自己还是挺想运动的。""您一般业余时间都干什么呀？"这样有来有往，话题是不是就继续下去了？如果你的每一个问题都能问到关键处，都能引起对方的兴趣，双方都能聊下去，这不就是同频吗？如此一番交流，对方的感觉一定很好，因为他觉得得到了你的关注和认可，这就为下一步的沟通和合作打下了基础。

作为职场的新人、晚辈，面对一些老同事、老领导，还可以通过主动请教寻找共同话题。请教是有技巧的，如果你一上来就说"我想问问您……方面的……事情"，这么直接开口给对方的感觉可能不好，因为人家没有义务帮助你。你可以换一个问法："听很多人说您的销售能力特别强，我正好有个问题，不知道方不方便向您请教？"这就用了一个技巧：借第三方进行夸奖。而对方对这种夸奖非常受用。除了夸奖铺垫，这句话还有缓冲意思——"不知道方不方便"，给人的感觉更舒服，也可以展示自己对对方的尊重。

你还可以把请教与赞美结合起来："您平时都是怎么安排时间的，能把时间安排得这么合理？我一般同时做两个项目，头就大了。"这种请教实际上也是一种赞美，用了对比的技巧。从人性的角度讲，人在和别人对比的时候都喜欢占上风。你通过这种方式主动让自己位于下风，自然会让对方感觉比较舒服。一旦对方感觉良好，接下来的交流就会比较顺畅。无论他能不能真的分享经验，都不至于冷场。

还有一种打开话题的方法叫接话、回话，即把话接住之后再问回去。例如，对方说："唉，我最近胖了。"这个时候你当然是往减肥、饮食、身材保持这个方向接话，对方才会有兴趣。如果对方说："今天天气很冷。"你就可以往天气、季节这个方向接话："今年冬天好像比往年都冷，一般冬天您都做哪些运动？"这就叫接话、回话，顺着对方的话题往下接，找到同类别的话题后继续延伸下去。

再如，别人问你一个问题："你是学什么专业的？"如果对方是一个年长的同事，他可能也是在找话题。如果你回答："我是学土木工程专业的。"是不是很容易冷场？这个时候你完全可以接着问回去："我是学土木工程专业的，您呢？"这是第一个问题。"您是怎么进入这个行业的？"这是第二个问题。接着你就可以延伸了："您的跨度还挺大的，我要多向您学习，因为我觉得您对这个项目的理解比我们本专业的人还深。"这样你就逐步把话题打开了，他或许会分享一些想法、经验和感受。通过几个回合的交流，你们自然就进入了一个非常好的谈话氛围。

为了和对方保持同频，我再教大家三句话，帮助大家在和不是很熟的人沟通时大大增加对方的好感。

第一句话是"我也是这样想的"。当对方提出一个观点，恰好你也有类似的想法时，一定要表达出来自己也是这样想的，然后做一些延伸和补充，这就是同频。

第二句话是"您说得太对了"。同样是对方提出一个观点，如果你之前没想到，现在又觉得很有道理，那就要不吝赞赏："您说得太对了。"这句话为什么有奇效？因为它对应着人们需要别人肯定的心理需求。如果你觉得自己不善言辞，就更要勇于把这句话说出来。当然，除了表达赞赏，你也需要补充一些自己的想法。否则，即使你是在真诚赞扬，别人也可能觉得你很虚伪。

第三句话是"您果然不一样"。什么叫果然不一样？首先是对方跟自己不一样，或者跟其他人不一样。例如，对方的某个想法太独到了，某个认知太深刻了，某方面的品位太好了。其次，"果然"这个词暗示了你本来就对对方有期待，"您这么优秀"是意料之中的。敏感的人对这种说法很受用。

上述内容都是教大家如何在不同场景下找到话题、努力和对方保持同频。我要强调的是，这些内容不纯粹是话术，只是要你把双方身上已经有的共同话题挖掘出来。无论具体的话是什么，真诚是第一位的，相信大家一定能理解这一点。

第三个关键词是适度热情。一些性格外向的朋友一定要特别注意这一点，不是要注意"热情"，而是要注意"适度"。你的状态要自然，一旦表现过度，会让别人觉得你不够真诚、太世故、太功利。

一些性格内向的朋友应该格外留意"热情"二字。虽然保持热情有点困难，但你既然已经和别人坐到一起了，就要想办法克服心理障碍，发自内心地展示出热情。至于那些因为内向或口才不好而造成的一些从表面上看有点笨拙的表达，其实问题不大。只要你的态度是热情、真诚的，对方应该可以感受到。

最后一个关键词是宽而不深。很多大大咧咧的朋友如果在沟通中把握不好尺度，很可能会让其他人产生不好的联想或误解。如果你面对的是不太熟悉的人，选择话题时要注意宽而不深。

常言道，交浅切勿言深。宽而不深和这个意思是对应的。如果你和对方的熟悉程度一般，就不要问得过于深入，如不要探听对方的隐私等，自己也不要表露得过深。所谓宽，就是指双方的话题范围可以很宽泛，可以聊国际新闻、娱乐八卦、兴趣爱好、股市行情等。

所谓"深"就是指表露程度足够深，这种表露是给足够信任、足够亲密的人准备的。例如，某人问你另一个人的情况，如果你跟提问的人不是很熟，就会回答得比较浅，会说自己跟对方的接触不多。但如果提问的人是你很信任的人，你可能会把内心的话说出来，如他有点虚伪。这就是比较深、比较暴露自我的回答了。

再如，有人问："你上班开的什么车？""哦，就是一辆普通的越野车。"这是一个比较浅的回答。如果你回答："我上班开的车具体是……车型，当时花了……钱，而且还是用我的业余收入买的，有一个……副业特别挣钱，我就是这样买的。"这不就是自我暴露吗？双方本来只是工作关系，而且还不熟悉，为什么你要暴露自己业余时间干了什么和自己的收入来源呢？

还有一种暴露，就是当遇到了一些特别烦心的事，你在状态非常不好的时候很随便地向别人倾诉了心事，但这个人可能本来和你不熟，并不是合适的倾诉对象。对于这种情况，周围人会觉得你是一个逢人便说自己心事的人，很容易对你生出防备之心。

当和对方的交情没有那么深时，你不要问那些深入的问题，如对方的爱人是做什么的、家里有多少收入、谈过几次恋爱、未来有什么打算等。这些话题实际上都已经涉及个人隐私，很容易让人反感。更严重的是，对方会猜测你的动机，对你产生防备心理，或者觉得你很没有礼貌，有可能当面发作。

关于如何与不太熟的同事打交道，我讲了四个关键词，也分别举了一些实例。首先，大家在态度上一定要大方友善，这影响的是别人对我们的观感；其次，大家在聊天的时候要和对方保持同频，这体现在我们能不能找到合适的话题，并把这个话题展开，给别人留下好的印象；再次，大家要适度热情，把握好分寸和火候；最后，大家要选择宽而不深的话题，记住交浅绝不能言深。大家一定要记住这几个关键词，同时注意消化我给的话术，并且注意变通，不要生搬硬套。

场景 2

你这是要套我话吗

常言道，害人之心不可有，防人之心不可无。有些年轻的朋友很容易防范不足，当遇到一个表面上对自己很友善、关系稍微好一点的同事时，就掏心掏肺地交代自己的想法。其实，人家可能只是想套你的话。

例如，你被领导批评了，心情不好，然后有人凑过来安慰你，问你发生了什么事。如果你没有防备之心，或者碍于情面不好意思不回答，就可能一股脑儿地把前因后果讲一遍，甚至把对领导的抱怨和心里的不服都倾诉出来。结果第二天，全公司的人都知道了。

再如，别人问你："你觉得那个人怎么样啊？某个领导怎么样？你这个月挣了多少钱？那个人是不是家里有关系？"面对各种各样的花式打探，如果你定力不足，不经思考地和盘托出，很有可能让对方抓住把柄。

所以，有一句特别有名的话：职场不是你的朋友圈，分享欲不要太强。针对三种常见的套话情况，我帮大家准备了回应的话术，希望大家能够轻松应对这些情况。

第一种情况是打听收入。

很多企业要求员工对收入保密，甚至把这个要求写进劳动合同。如果你和对方仅仅是工作关系，就不应该向对方透露收入信息，即使面对同类型岗位、同一级别的人也不能随便透露。但实际上，打听收入这种情况太常见了，我用一个学员的案例做讲解。

这个学员和另一个同事的关系特别好，他们俩几乎是同一时间进入这个单位的，平时也比较聊得来，经常下班一起走、晚上一起吃饭。有一次，两个人聊天的时候就谈到了收入情况。因为互相关系好，彼此就都直说了。

但是，这次聊天过后，两个人的关系发生了微妙的变化。那个学员收入多一些，虽然他们俩的工作内容相似，但可能是因为他更受领导认可，所以工资更高一些。在这种情况下，挣钱少的那个人心里肯定不舒服。这也是很多企业规定不能对外泄露收入的原因。

既然对方心里不舒服，肯定会有情绪，两人之间就有了隔阂。最后，那个人心里实在不舒服，就找领导摊牌了。领导当然不买账，结果不欢而散。一般来说，领导不可能因为你来找我，我就给你加薪，或者因为你说他挣的钱比你多，我就要给你同样的钱。最后，那个人和领导闹得不愉快，就离职了。

而我那个学员怎么样呢？他虽然收入多一些，但处境也不好。一方面，他因为违反规定和纪律挨了批评。另一方面，他得罪了领导。因为他透露了信息，才把领导逼到了一个非常尴尬的境地。因为这件事，我那个学员受了很长时间的打压，领导也不再信任他。而且，他也失去了一个朋友，对方离职后就把他拉黑了。

遇到打听收入的情况，因为你和同事有些交情，所以直接拒绝肯定不太好。我教大家两个方法。

一个方法叫反问转移。例如，有同事问你："这个月你挣了多少钱？"这时候你可以随口反问："你挣了多少？"我们先把问题问回去，通过反问转移话题，而不是急于回答。如果他不回答，说是我先问你的，你先回答。这时候你就很容易拒绝了："算了，大家的收入都差不多，我们还是聊点别的吧。"如果他回答了，那更好办，你可以说："你的收入怎么才和我一样多啊？"或者你可以模糊地回答："咱俩差不多啊！唉，聊钱没意思，我们还是聊点别的吧。"你同样可以岔开话题，并且没有暴露自己的隐私。

另一个方法叫直接转移。当有人问你这样的问题，你又不想回答时，干脆直接转移话题。如果你不知道怎么转移话题，就想想我接下来分享的这个词——听说，保证让你开始新的话题。"听说你又接了一个新项目，听说你又买了一辆新车，听说某处开了一个新的商场……"识趣的人听你这么说，基本上就不再问了。如果有人继续缠着你问，就说明这样的人十分不靠谱，你就更不能跟他说了。

第二种情况是打探别人的隐私。

总有些人由于性格原因或出于某种目的，喜欢打探别人的隐私。例如，有人会问："你爱人是做什么工作的？"如果你不想回答这个问题，就说明你们俩的关系还不是很熟悉。你仍然可以用反向转移的方法："你爱人是做什么的？"接着，你可以转向下一个话题，或者开启新的话题。

还有的同事喜欢打听、评价别人的私生活。例如，有人会问："你打算什么时候结婚？"对于这种问题，你可以问回去："你怎么还不结婚？"你也可以直接转移："其实比起结婚，我更关心另一件事儿。上次你说要请大家吃饭，什么时候安排？上次你说要帮我整理资料，整理得怎么样了？"你可以把话题转移到工作上或其他你觉得可以谈论的方向。

第三种情况是打听你对别人的看法。

这种情况也很常见，比如"你觉得小王怎么样""你觉得老张怎么样""你觉得某位领导怎么样"。遇到这种情况，你依然可以反问："你不是对小王更熟悉吗，你觉得呢？"这时候对方可能跟你说："小王这个人太不像话了。"他可能是在表达自己的真实感受，也可能是在用这种说法挑起矛盾。

不管哪种情况，在涉及评价他人的时候，你都要注意言辞。如果对方气呼呼地跟你说某人太不像话了，你就问："他做什么了？"如果对方讲了前因后果，你可以说："哎呀，真不太理解他是怎么想的。"总之，不要给出太明确的评价，跟随对方的情绪就行了。因为一旦你开口评价，而对方又打算套你的话，那么私下的说法一定会传到当事人那里，造成很多没有必要的误会。

在这里，我也要给大家一个小的提示。如果你有意向表达对某个人的看法（有时候这也是必要的），只能转述事实，不能转达评价，特别是在涉及负面结论的时候。你不要说小王这个人真不行、会偷奸耍滑等，而要说最近开会小王有三次都没参加，我也不太清楚他最近怎么回事，或者说小王平时很少和我们沟通，我也不知道他是什么想法。这些说法当然对小王不利，但你表达的都是事实，并不涉及什么主观看法。

　　总之，如果有人要套你的话，对于敏感的问题，你应该学会反问，学会转移话题，这可以让你守住不被利用的底线。即使得罪了对方，也比被对方套话强。

求助也是技术活

人在职场，难免会有需要别人搭把手的时候，彼此之间的帮助对于拉近关系也很有意义。很多人不好意思求人，遇到问题只会自己扛着，害怕开口问别人后自己没有面子。这其实没有必要。还有一些朋友虽然喜欢开口求人帮忙，却没有多少人愿意帮忙。这不仅丢了面子，还丢了人缘，就更不可取了。其实，如何找人帮忙是一门大学问，也是人际交往中需要重点学习的内容。

很多不想麻烦别人的人，实际上内心的潜意识是不希望别人麻烦自己。也就是说，他不愿意和别人建立更多的连接。不求人，也不帮人，的确可以减少一些麻烦，节省一些时间，但结果就是你和别人的交集特别少，没有什么共同的经历。等你将来和别人共事的时候，双方缺乏情感连接，甚至可能缺乏基本的了解。相反，如果你平时就乐于助人，也善于找别人求助，就会拥有很多有共同经历的人，也可以为后续的合作打下基础。

我讲一个身边的例子，希望那些嫌和别人打交道麻烦的朋友能够认识到求人帮忙也有潜在的好处。我曾经采访过一个领导。在整理素材的时候，我发现他不停地提拔一个小兄弟。这两个人的年龄相差很大，算是忘年交。那他们的交往是怎么开始的呢？居然是从求助和助人开始的。

早年他们俩分属集团下面两家不同的公司。当时集团内部有一个项目，需要抽取能力比较强的人去英国培训。这两个人都被选中了。但在培训的过程中，两个人的优势不一样。那个年轻人的英语特别好，但是那个年龄大的人的英语不好，不过老同志对业务更了解，有很多独到的见解。两个人每天一起上课。有一天，年轻人就找到这位老同志，说有一个问题，自己一直不明白，觉得他上次的发言很精彩，问他能不能给自己讲一讲。老同志看到有人虚心请教，也很高兴，于是热情帮忙。一番讲解之后，年轻人豁然开朗。然后，年轻人感到不好意思，就表示自己的英语还行，如果对方有需要，请随时找他。这就正中了老同志的下怀，他确实有英语方面的困难。这样一来二去，两个人优势互补，互相帮助，都顺利完成了培训。

回国之后，他们就各自回到自己的公司。后来，这个老同志被提拔为集团的大领导，然后他就不断提拔那个曾经和他一起培训的年轻人。因为他对这个人更了解、更熟悉，对这个人有很全面的认识，有更多的信任。面对能力好、态度好、人品好，又跟自己共事过的人，为什么不用呢？当然，年轻人本身也很优秀，能对得起老同志的信任。

这是一个真实的案例。我们回头看一下，对这个年轻人来讲，最关键的一步是什么？是因为自己有英语优势去帮助别人，还是因为自己遇到困难后向别人开口求助？很多时候，请别人帮忙并不丢人，关键是我们怎么做，别人才愿意帮忙，我们怎么做才能既解决自己的问题，又能借此机会搭建比较好的人际关系。所以，求助是技术活，也是艺术活。如何才能得体、有效地求助呢？我总结了以下四点。

第一点，不要什么都问，但是也不要什么都不问。大家要区分什么是信息，什么是经验。对于信息，尽量不问；对于经验，能问就问。

什么是信息？信息是你通过搜索就能掌握的内容。例如某个专业术语，像正态分布，如果你不知道这个词语，不要张口就问，要先搜索一下。这种存在标准答案的信息非常容易被搜到。这种通过简单搜索就可以得到答案的问题是不需要问别人的。你偶尔问一下可能无伤大雅，比如在不方便、急需指导的时候问一下也没关系，但动不动就用这种问题麻烦别人，会让别人觉得你不会动脑子。

什么是经验？经验是需要通过实践才能辨别、总结出来的一些东西。例如，你翻烂了某本工作手册，也非常清楚某个操作流程，但做起来就是磕磕绊绊，这可能是因为你在某些关键环节上缺乏经验。这时候，你可以大胆地请教。一方面是这些问题值得请教，另一方面是让别人看到，你已经掌握了其他可以靠自己学习的内容。如果有人愿意指点你一下，可能某句话就能让你茅塞顿开，提高工作效率。

现在回到正态分布的例子，既然你不能问对方什么是正态分布，那问什么？如果你第一次接触这个概念，看过别人的解读后有了基本的了解，但对某些内容缺少深入的思考，就可以问："老师，这件事符合正态分布的规律，您看咱们……的数据是不是也符合正态分布的规律？您看我的理解对吗？"

简单地说，大家遇到问题首先要自己想办法解决（如信息类问题），实在解决不了再向别人请教（如经验类问题）。至于能否解决的临界点在哪儿，取决于个人的能力，也决定了你在别人眼中的形象。如果你可以通过自己的努力解决别人眼里的经验类问题，别人当然会高看你一眼。

第二点，请对方帮忙要礼貌体贴，打消对方的顾虑。向别人求助时，你要在语言上有所铺垫，要主动为对方留下拒绝的空间，要让对方知道这件事难不难，打消对方的顾虑。既然是求人，如果你直接说"你去帮我做这件事"就太直接了，除非你和对方的关系特别好。

前段时间，我接到一个跟我关系不错的邻居的电话：
"姐，在家吗？忙什么呢？最近怎么样……"他一上来先
问了我五个问题，这让我怎么回答呢？当平时不经常联系
的人突然打电话问了一堆问题时，你心里一定会很忐忑：
他想要做什么？如果我说在家，是不是有什么后果？如果
我说有点忙，是不是会错过什么机会？

实际上，在求助过程中，你在语言铺垫时就应该主动
打消对方的顾虑，主动告诉对方有什么事，让对方知道这
件事到底有多难，并且给对方准备拒绝的台阶。例如，你
可以说："姐，不好意思，我刚锁门的时候忘记拔钥匙了
（告诉对方，这是一件小事）。如果您在家的话，能帮我取
一下吗（主动给对方准备拒绝的理由，并做好被对方拒绝
的心理准备）？您取下来后可以先把钥匙放您家里，我改
天过去拿，办公室里还有备用钥匙（进一步打消对方的顾
虑，告诉对方帮忙取一下就行，不必操心怎么还）。"

如果对方不是特别为难的话，一般不会拒绝这种求
助。如果对方拒绝了，要么是他确实不方便帮忙，要么是
他觉得太麻烦。那你只能另想办法了，强人所难既不可

行，也没有必要。

第三点，简化对方帮忙的步骤，抬高对方的身价。很多时候对方不愿意帮忙，是因为觉得这件事特别烦琐，需要付出的时间成本或心理成本太高。你在求助时，只能针对一些关键的一次性动作。如果这个"忙"需要烦琐的步骤才能完成，就不属于"帮"的范畴了。在借钱方面，有句话叫"救急不救贫"。同样的道理，找人帮忙也只能让别人"救急"，不能让别人替你干活。

知乎上有一个问题，如何提高求助的成功率？下面有一个特别高赞的回答，答主讲了自己的经历。他说当时在商场买鞋，然后他妹妹的一个同学希望他能顺便在商场帮她带一双鞋，可是对方直接发过来一张鞋子的图片。这张图片没有鞋子的牌子，没有店铺的信息，没有鞋子的价位和尺码，这怎么帮忙呢？如果换作是你，是不是想一想就觉得很麻烦？"我还要跟她沟通各种细节，费了半天劲，最后她不满意怎么办啊……"面对一堆问题，你想想还是算了，自己马上就走了，没办法帮忙，还是让对方自己来吧。

在向别人求助的时候，你必须把对方帮忙的步骤简化，降低对方帮忙的门槛，否则对方会觉得麻烦，然后找个理由拒绝。除此之外，为了提高求助的成功率，你还要注意抬高对方的身价。

例如，关于某个专业问题，你查阅资料后还有一些疑问，那可以问："老师，我查了这个问题，但还是没有把握。您是这方面的专家，我想向您请教一下，我这么理解对不对？"说"您是这方面的专家"就是在抬高对方的身价，让对方觉得自己很有价值，对方就更愿意出手帮忙了。

再如，如果你向别人提问"您能教我怎么把……工作做好吗"，那十有八九没法得到帮助。别人会觉得自己还没做好，教不了你。你提的这个问题太复杂了，完成这项工作可能需要很多步骤，如先准备什么、再检查什么、最后确认什么。每个步骤都有要领，别人从何教起呢？如果你问某个步骤的某个环节，如为什么某个设备总是出现某种意外情况，这样的问题很具体，对方帮忙的步骤也简单。对方只需告诉你这个设备是什么情况、你应该如何改进就行了，实在不行再演示一遍，过程不会太麻烦。如果你再给对方戴顶高帽："您是老员工了，能帮我看一下吗？"那就更容易成功了。

第四点，要注意提升价值，及时反馈，通过求助和对方达成合作。求助只是解决问题的手段，不是目的。相较于解决问题，更重要的是能通过求助和对方建立良好的合作关系。

所谓提升价值，是指要提升别人帮助我们的价值，如"您这个办法太好用了，应该写进咱们的工作手册""您真是帮了我一个大忙，就算要付一千元的学费，我也愿意学"。接下来是及时反馈，如"我必须请您吃饭"。得到别人的帮助，你要马上给出反馈，真诚地表达谢意，说"回头我请您吃饭"就太虚了。你也可以投桃报李："多亏了您，总给您添麻烦。如果有需要我的地方，请随时叫我。"别人愿意帮忙，并不是为了你的回报，但你要主动拿出积极回报的态度。至于对方接不接受，那是他的事。如果你能做到提升价值，及时反馈，你们的交往更是一种合作，这就可以为将来进一步发展关系打下基础。

有的人仅仅是想解决工作中的困难，都找不到愿意伸出援手的人；有的人不仅可以得到一时、一事的帮助，还可以借此和别人建立长久的关系。这中间的差别值得大家仔细体会。

这人好像不喜欢我

我在前面多次提到过，我们总会遇到不喜欢自己的人，这是不可避免的事。而且，我们维护的重点对象也不是那些不喜欢我们的人，而是喜欢我们或有可能喜欢我们的人。但是，对于不喜欢自己的人，我们也不是全无办法。本节就和大家分享五个与这些人改善关系的实用技巧。

第一，要看清关系背后的关系。

有些朋友非常在意别人对自己的看法，特别想改变别人对自己的不良印象——请容我再次申明，这不是职场沟通的重点。但我们也不是无可作为，首先要想清楚，对面这个人为什么不喜欢自己。

有一种情况是没有任何原因，有些人就是不喜欢你。仔细想想，你们俩没什么交集，你没做什么得罪他的事，但你就是能感觉到他有意地和你保持距离。这种情况谁也没有办法，你就由他去吧。

还有一种情况是事出有因。你仔细琢磨一下，哎呀，原来双方确实有一些过节，或者你在和他交往的过程中犯了一些错误，造成了不好的影响。

其实，对于前一种情况，如果你真的追根溯源，或通过其他渠道补充一些信息，很可能会发现那应该属于第二种情况。

我有一个朋友，他刚进职场的时候各方面都挺出色的，他自己也非常喜欢那份工作，每天都怀揣着巨大的热情。但他总感觉领导时时刻刻都在针对他，经常挑他的刺儿，对他的态度明显跟别人不同。他当时非常难受，也很费解，就来问我。我给他的建议是先去了解一下，有没有自己还不知道的情况。

最后，他打听出来了。他之所以能进那家公司，是因为一个部门领导的介绍，而那个介绍人恰好和他的直接领导存在矛盾。这就是关系背后的关系。我这个朋友和他的领导之间并没有什么直接矛盾，但就因为他和介绍人之间的关系，他的领导就把他看作对立面的人，然后百般刁难。解决这种问题不能只靠他和直接领导，如果深层关系不改变，浅层关系也不可能出现实质性的变化。

但无论如何，一旦认识到这种关系背后的关系，很多事情就可以解释了。即使不能完全解决问题，你也能做好应对的准备。如果有朋友碰到这种莫名其妙的敌意，一定要多打听有没有以前没注意到的深层关系在影响表层关系。

第二，要在人前人后保持友善。

既然你想改善关系，那无论对方的不友善出于何种原因，你都要在人前人后保持友善，不要表露恶意，一定要让对方知道你对他并没有敌意。

如果双方关系不好，沟通就不可能畅通。除了当面打交道的时候，你还要特别注意对方不在场的时候如何表现。因为你并不知道对方不在场时你对某人或某事的评论会不会通过其他途径传到对方耳朵里。为了改善关系，你甚至应该盼望存在这种途径。很多时候，对方很难听进去你当面的解释，但通过第三方传递的信息会影响他对你的看法。

当然，与那些不够友善甚至对自己存在敌意的人保持友善是很不容易的，但这才是正常的工作沟通关系。你不能强求别人喜欢你，但可以与对方保持正常的沟通，让工作得以推进。关系的改善需要机缘，但前提是你能在关系不够好的时候保持友善。不必理会对方的态度，该打招呼就打招呼，该谈工作就谈工作。即使对方冷着脸，你也要做到心平气和，这体现的是自己的修养。

第三，可以尝试请他帮些小忙。

如果想让一个人喜欢你，就让他帮你一个忙。这种乍一看有违常理的技巧是由美国政治家本杰明·富兰克林

（Benjamin Franklin）发现的，于是这种现象就被称为"富兰克林效应"。

富兰克林在他的自传中分享了这个技巧，后来又跟大家做了解释，原来这出自他的真实经历。富兰克林还在州里当议员的时候，特别想争取另一位议员的支持。但这很不容易，因为对方是他的竞选对手。偶尔开会见面的时候，对方对他的态度非常冷淡，甚至不怎么跟他说话。

在如此困难的情况下，我们看看富兰克林是怎么做的。他听说对方家里有很多藏书，这些书都是非常珍贵的版本，就提笔给对方写了一封信。他表达的大概意思是听说您手里有本非常珍贵的书，我非常想一睹为快，希望借阅几天。

双方都是有头有脸的人，富兰克林提出借一本书，这是一个非常小的请求，对方如果拒绝，是不是会显得很小气？或许就是出于这样的考虑，那位议员就把书寄给了富兰克林。一周后，富兰克林将书寄还，还附了一张小纸条，郑重、热烈地表达了自己的谢意。

这些行为看起来都很平常。但就是因为这么一次交往、一封信、一本书、一张纸条，后来两个人开会见面时，这位议员很主动地找富兰克林说话，而且非常客气。后来，两个人成了一生的朋友。

这件事蕴含的心理学效应是曾经帮助过你的人，比对你负有义务的人对你更好。如此看来，请别人帮些小忙以改善彼此的关系，并不是什么见不得人的伎俩，而是对心理学效应的合理使用。

这就是我要讲的第三点，我们可以请不喜欢自己的人帮自己点小忙。有时候，想直接改变别人的想法和态度很困难，但请他帮个忙反而有意想不到的效果，而这就可以为下一步改善关系创造契机。

有人求助，有人帮忙，双方就建立了一定的联系。如果你再努力提升对方帮忙的价值，及时反馈，就很容易赢得对方的好感。对方对你有好感，就更容易全面了解你的为人，双方就有可能相互谅解，从此恢复正常的关系。

第四，要学会说"我也是"。

很多时候当你和对方特别疏远时，你觉得是因为对方不喜欢你，实际上可能是因为他觉得和你不同频。每个人都喜欢在各方面和自己同频的人，那么要争取对方的好感，有一个办法就是寻找和对方的同频点，然后告诉他："我也是。"

例如，在和同事讨论问题的时候，如果他发表的看法恰好也是你的想法，你就可以直接接话："我也是这么想的。"尤其是在平时闲聊的时候，接话是非常方便的，如我也爱看小说、我也特别讨厌别人插队、我也不喜欢扫描点餐等。当同频的话题多了，双方就会逐渐放下心中的排斥。当你和对方找到共鸣的感觉时，就能慢慢聊下去了。

第五，不要升级"小矛盾"。

如果两个人关系不好，又在工作中发生了一些小矛盾，万一没处理好导致矛盾升级，两个人就可能彻底对立起来。这不仅会影响后续的合作，也可能影响双方的形象。

如果因为自己犯了错而导致矛盾发生，你一定要先道歉，再解释。很多人习惯先解释，再道歉，但这种道歉在别人听起来却是在找借口，于是两方都很不爽：一方觉得这个人的道歉毫无诚意；另一方觉得这也太为难人了，我都道歉了还不行。

例如，你早上上班迟到了，影响了一个会议，让大家等了 15 分钟。这个时候你进门就说今天路太堵，其实自己早就出来了，如果你把这些话看作道歉，那大家肯定很难接受。但是，如果你把顺序改一下，先说对不起，再解释自己比平时早出门了 20 分钟，没想到今天路这么堵，这样是不是好多了？

如果对方的性格特别敏感、脆弱，你道歉时还可以多采取一些方法。比较有效的方法是"感谢 + 道歉承诺"。

第一句是"上次咱们俩争执过后，我回去冷静地想了想，觉得应该感谢你"。这是要制造一个反差，并且告诉对方：我是经过深思熟虑之后才过来跟你说话的，我很重视这件事。

第二句是"如果你没有提醒我，我考虑事情不会这么全面，也就不可能取得好的结果"。这是给出感谢的理由，表明自己的感谢是由衷的，接下来的道歉也是真诚的。

第三句是"我当时有些冲动，说的话也有些过分，请你别往心里去，我以后一定避免"。这是道歉，这个时候的道歉会显得郑重、真诚。这也是一种承诺，承诺自己会下定决心改正。

最后一句是"我还是很在乎咱俩的关系"。这句话很关键，前面的感谢、道歉和承诺实际上都是在为最后一句话做铺垫，你们的关系才是核心。这句话就是要告诉对方：我很看重双方的关系，以后咱们应该好好相处，我自己肯定会努力，也请你多多原谅，有事情多多沟通。

有了真诚的态度，再加上一些道歉的技巧，一般的"小矛盾"就可以化解了。大家在和关系不好的人共事时，如果因为自己的错误造成了矛盾，一定要及时、诚恳地道歉，不要把这样的"小矛盾"升级成"大矛盾"。

总而言之，大家可以通过行动和关系不好的人改善关系，但在具体行动前要做到以下两点：一是要想办法看清关系背后的关系；二是要在人前人后保持友善，不要把关系搞僵。有了这个基础，大家就可以找机会请对方帮些小忙，借机和对方建立联系和改善关系。如果出现了"小矛盾"，大家一定要注意诚恳道歉，防止矛盾升级。

场景 5

对面这人也太强势了吧

我们在工作中常常会遇到一些强势的人，他们在语言上咄咄逼人，在态度上寸步不让，特别自信和笃定。他们稍微不合心意就要发火，即使做错了，也会非常固执，把别人反驳得无话可说。正因为这种强势的态度，很多不善沟通的朋友非常害怕和这样的人打交道。

在认知篇，我们曾经按照两个维度把沟通对象分成四类人。对于性格外放又特别关注事的人，我们称之为控制型沟通对象。职场中的强势人物往往就属于这个类型。他们不太顾及别人的感受，总想在沟通中占据上风，也比较看重事情的结果，而不甚关注细节和过程。如果再仔细考察，我们会发现这种人又可以分为内虚型和实力型。内虚型的人外强中干、虚张声势，实力型的人能力拔群、作风干练。

内虚型的人虽然表现得很强势，但那只是他们自我保护的一种手段。他们的自尊心很强，是因为他们内心深处很自卑。他们能力平庸，又要展示出能力比别人强，所以比较忌惮身边能力较强的同事，也从来不会放弃在言语上压别人一头的机会。他们喜欢盛气凌人地发号施令，通过支配别人找到自己的存在感和力量感。但是，他们内在的能力又不足以支撑这些外在表现。对于这样的人，我建议的沟通策略是不纠缠。

大家不要纠结这种人说的话具体是对还是错，不要在意他们对某件事的评价，千万不要跟着他们的思路走，因为他们的目的就是在语言、态度、表情和声势上压别人一头。当我们把他们具体的观点掰开来看时，是不会发现什么真正有价值的东西的。下面我分享三个办法，帮助大家在必要的时候应对这种人。

第一个办法是要求他承担责任。

例如，当大家在争论某个问题时，他非要坚持自己的想法。如果对方是内虚型的人，我们可以跟他说，你说的话有一定的道理，先肯定他说的话有道理，不要和他起正面冲突，接下来说但我还是保留我的想法。这样说不代表我们主动认输了，而是强调双方是平等的交流，你有你的道理，但我有权保留我的想法。这是不纠缠，通过两句话结束争论。

接下来，我们就要求对方承担责任："如果你非要按你说的做，那么你来做方案，出了问题你负责。"但是一般情况下，内虚型的人不会答应，因为这触及了他们内心的虚弱，虚张声势的人是没有胆量站出来承担责任的。

第二个办法是拿回话语权。

这个办法比较强硬，用来应对比较过分的情况。如何才能拿回话语权呢？

当对面的人说了一大堆，不让别人插话，非要坚持他的想法时，我们可以说："你自己能决定这件事吗？"这就是不纠缠，通过一句话终结他外强中干的表演。接着，我们可以说："如果你能决定，你定就行了，不用问我们的意见；如果你不能，是不是应该听一下我们怎么说？那就请你停一停，看看大家怎么说。"这就把话语权夺回来了。

还有一种情况是他让你说，但一直强调自己的观点是正确的，这时候怎么拿回话语权呢？我们可以这么说："你觉得你的观点绝对正确吗？认识一个问题是不是要从多个角度考虑呢？你先停一停，看看大家怎么说。"

第三个办法是拿回主导权。

这个办法更强硬。如果对方特别强势、很不礼貌，我们就要以更强势的态度中断交流，拿回主导权。

例如，他言辞激烈地说了一段话，态度过于强势，完全不顾及在座其他人的感受。这时候我们可以直接跟他说，你这样说话让我很不舒服。这是第一句，表达的是我们的感受。第二句是讨论问题不需要这么激烈，等你平静了咱们再聊。这是告诉对方，你的态度不是和同事对话的态度，你不尊重我，那我就不跟你说了。这就是拿回主导权。

当然，这个办法适用于同一级别的同事，而不是领导。大家既然不存在上下级的关系，那就需要用彼此能接受的方式进行平等的沟通。

我分享的这三个办法可以帮助大家更好地表达自己的立场，找回本该享有的尊重，并且给那些外强中干的内虚型的人立下规矩，让他们从要求、命令、支使、指导我们，回到正常、平等的沟通。

除此之外，我们又不得不承认确实有一种人的能力很强，态度也很强势，但他们的目的是把事情办好，而不是压别人一头。他们可能语言比较犀利，不太在意别人的感受，但他们不针对人，只是想把工作做好，而且他们的工作确实做得很好。面对这种强势人物，我们该怎么办呢？

乔布斯（Jobs）就是一个特别典型的例子。当年他领导苹果公司的时候，据说逼走了一批又一批的设计师、工程师。乔布斯对产品细节的极致要求简直到了变态的程度，一般人都觉得可以了，他就是觉得不行，那所有工作就要推倒重来。很多人因为受不了这种压力而提出辞职，乔布斯从来不挽留，他关心的是新人什么时候能来，产品什么时候能修改到位。

如果我们身边真有这样的强人，我希望大家能够放下自己内心一些小的、负面的感受，尽量包容他们。因为这样的人是对事、不对人的，所以大家不要在他如何对待自己这件事情上过于敏感。既然他们更关注事情本身，我们也把关注点调整到事情本身就好了。如果大家能把事情做得更漂亮，岂不是皆大欢喜的局面？

很多朋友觉得实力型的人不近人情，感觉很难忍受。其实我们可以从另一个角度思考：如果遵守那些看起来很强势的高要求，获利方究竟是谁？

方法一，思考强势要求的获利方是谁。

如果他不停地挑毛病、找问题，让所有人都按照他的要求做，但结果只有他一个人获利，这就是极大的自私，我们不能纵容他。

但如果像乔布斯那样，他把方方面面的要求都做到了极致，最终可以取得特别好的工作成果，让所有人都获利，那我们在心态上就不要把他放到对立的位置，而是要尝试找出一些合适的沟通方法。

我们应该怎么区分这两种情况呢？答案是提问。例如，我们可以直接问他，为什么我要按你说的做？按你说的做，对工作有什么好处？如果他能非常清晰地说出原因，就说明他在工作方面是经过深思熟虑的，那我们不妨尊重他的强势，照他说的做。如果他答不上来，或者是从个人利益出发，而不是从工作角度回答的，那我们就参照应对内虚型的人的办法来应对就行。

方法二，提出自己的合理要求。

如果实力型的人因为强势给沟通造成了一些障碍，我们仍然可以提出一些合理的要求，特别是在态度和沟通方式方面。

例如，我们可以对他说："我可以理解你对这个问题的坚持，我也很期待最后的工作结果，但我没有办法接受你说话的态度。既然我们是合作关系，我希望你有话可以好好说。"

这其实是在表明立场：我不归你指挥。这是一种表态，也是一种提示。这种提示可能会在未来的沟通中起到作用，让他对我们多一分尊重。而且，实力型的人不会畏惧强势的人，反而会欣赏强势的人。如果他意识到自己的沟通态度太强势，那么我们再接着提醒他两三次，彼此之间应该就可以建立正常的沟通关系了。

还有一种情况是对方在说了一堆自己的想法后对我们提出了要求，如这件事必须……干，你应该……做。这时候，我们可以说："我需要时间好好考虑一下，等我想好了我们再讨论。"这其实是在告诉对方，你有你的看法，我有我的看法，现在我告诉你，我需要时间考虑。后半句话是在强调双方是合作关系，而不是一方给另一方下命令的关系。

无论面对多么强势的人，我们都应该采取正当的方式提出自己的要求，大大方方地坚持自己的原则，这反而可以提升我们在别人心中的分量。当然，在提要求的过程中，我们要坚持合适、得体的方式，不能为了防御而防御，为了反抗而反抗，在言语上攻击对方。

本节分享的是如何应对强势的人。这种人又可以分为内虚型和实力型。对于实力型的人，我们要以体谅为主，同时要勇于提出自己的要求；对于内虚型的人，最根本的原则是不纠缠，要尽快从对方虚张声势的体系中挣脱出来，通过强势回应拿回话语权和主导权。

场景 6

朋友，你误会了

　　相信大家都见过一种游戏，一队人口头传递信息，第一个人对第二个人说："晚上要住二里头。"经过几个人的传播后，这句话可能变成了"晚上要喝二锅头"。和这个游戏一样，职场上的信息传递也一定会存在失真。要解决这个问题，我们首先要区分信息失真的两种情况，一种情况是对事（信息）的误解，另一种情况是对人（他人）的误会。

　　领导的指示经同事传达后，某人对某事的主观想法经他人转述后，某些重要的工作信息经社交软件转发后，都可能和原来的意思有所偏差，我们称这种情况为误解。甲在乙的面前捏造了丙没做过的事、没说过的话，导致乙对丙有意见，甚至造成两人之间的隔阂和矛盾，为了便于区分，我们称这种情况为误会。这样的区分也大致符合日常生活中我们对这两个词的使用。这些误解和误会是怎么造成的呢？

当我们表达不清的时候，非常容易造成误解。很多情况下，我们实际表达的内容和真正想传达的意思是有差别的，没说完整或用词不够准确都可能造成别人的误解。我们必须承认，这样的误解是不可避免的。即使是同样一份PPT，我们隔几天再讲时说出来的内容也会有所不同。一个重要的应对原则是多做确认。在和对方沟通的时候，我们应该注意观察对方的表情，如果发现对方有疑惑，要及时确认："我解释清楚了吗？"这时候他可能会说出自己的理解，如果我们发现有不准确的地方，就重新讲，或者把不准确的地方解释清楚。越是重要的事情，我们越要注意确认。因为一旦造成误解，麻烦随之而来。

过分谨慎也可能造成别人的误解。这是很多不善表达的朋友常常会忽略的问题。如果我们过分保守和谨慎，该表态的时候不表态，该解释的时候不解释，就很可能造成别人的误解，从而给自己带来损失。

我曾经有个学员就遇到过这种情况。在一个比较重要的项目讨论会上，同组的同事代表他介绍项目执行情况。但是，在说到与他相关的部分时，对方漏了一个非常关键的内容。这个学员明明发现了，但是担心当场提出来会伤害对方的面子，也怕自己表达不清给在场的领导留下不好的印象，就保持沉默了。结果领导很看重这部分内容，当场向汇报人提问，而汇报人直接说负责人没有告诉他。我这个学员当时目瞪口呆，明明是之前交接好的内容，对方竟然矢口否认。如果这时候他做出解释，好像在推卸责任，但是不解释就吃了一个哑巴亏，领导会认为他没把事情做好。如果他在发现问题的第一时间就解释清楚，何至于陷入这样的被动局面。

所以，在关键的问题上，大家还是不能太被动，该表态的时候要表态，否则就把怎么理解、怎么解读的权利让给了别人，这很有可能给自己带来巨大的麻烦。

过于自我的表达可能造成别人的误会。例如，你是一个很能干的人，但有些我行我素，在和别人合作时不注重商量。有时你自己觉得可以就做了，而且往往也能做成。你本来是为了追求效率，快速完成工作，但别人可能认为你没有把他放在眼里，不够尊重他。有了这种误会，接下来你们再打交道或合作其他项目时就很容易出现问题。你会惊诧地发现，对方没有原来那么容易合作了。

先入为主的印象也可能造成误会。同一个玩笑、同一个反对意见、同一个方案补充，如果是由一个关系很好的人提出的，即使他这次心怀恶意，我们也很难察觉到，总会朝着他在帮我和支持我的方向理解。如果同样的内容是由一个以前有过隔阂，或者一直看不顺眼的人提出的，我们总会朝着相反的方向理解。这种先入为主的印象很容易造成误会。

我曾经有一个同事，他平时工作非常认真，同事们也都很喜欢他。但是有一次开会时，领导正在讲一个特别重要的事情，恰好这位同事的手机响了，而且他一紧张，又不小心打开了微信语音，声音还很大。这就等于把领导的讲话打断了，当时场面很尴尬。

毕竟这是一个失误，事后领导也没有说什么。但是后来领导交给他一个写稿的工作时，反反复复让他改了很多遍。其实那篇稿子很常规，领导让他改的那些问题也无伤大雅，但领导就是让他反复修改，而且话里话外都表露出他不太认真、工作态度有问题的意思。后来，我们觉得这件事还是和那次会议有关。因为他给领导留下了不好的印象，领导就算不会故意刁难他，也会下意识地对他做出负面评价。

无论原因是什么，只要出现了误解和误会，我们就不要抱怨。为什么别人总是误解我讲的内容？为什么别人总是误会我？我们还是要从自己身上找原因，反思有没有做得不到位的地方，然后想办法补救。

解决对事的误解，要靠解释。

对于误解，我们要找到信息传达上的疏漏或双方理解有分歧的部分，让双方达成统一认识。只要能够消除因为误解而给双方带来的情绪化反应，让双方的精力集中到问题本身，误解就有可能被化解。毕竟信息是客观的，大家只要有点耐心，不难统一认识。

解决对人的误会，要靠行动。

两个人之间出现误会，主要是指两个人本来不存在因立场、利益、竞争等原因造成的重大冲突，而又因为某些原因产生了隔阂，甚至完全失去了信任。例如，在最近几次讨论会上，你恰好连续多次提出了和某个同事相反的观点，他就可能在心里认为你是在故意针对他；你在茶水间里碰巧遇上了隔壁部门的经理，你们聊得很开心，恰好你的部门经理看见了，结果他就认为你和那位经理有什么勾结，从此对你产生防备。

这些误会只靠口头上的解释很难化解，主要原因在于双方心里已经有了隔阂，彼此不再信任。如此一来，化解误会的关键就在于重建信任，而重建信任不能只依靠言语，而要靠行动。

例如，你和同事共同完成了一个任务，结果领导只表扬了你，对他只字未提。这个时候你的同事心里肯定非常不舒服，于是会产生各种联想：是不是你在抢功？是不是你在领导面前故意抹掉了他的功劳？是不是因为某件事得罪了你？在这种情况下，你找他解释也很难挽回他对你的信任。最重要的是解释并不能解决他没有得到领导认可的问题。

那具体该怎样行动呢？我给大家四个字：明暗短长。

"明"是指我们在明面上还需要有一个表态，但不一定是马上表态，更不必急于带着情绪解释。我们要等待一个合适的时机去找对方表态，说明自己确实没有做过这件事。

"暗"是指在暗地里抓紧行动，修正造成误会的根源，或者误会造成的结果。既然误会的根源是领导没有表扬他，那我们就想办法解决这个问题。这时最重要的是行动。如果我们私下找到领导，跟领导说清楚他现在的状态，以及他在这个项目中的贡献，然后和领导商量一个补救方案，如下次会议时领导能巧妙地把他的贡献公之于众，那他自然可以消除误会。

"短"和"长"都是指时间。当我们发现存在误解时，如果能找到办法，越快补救越好。当我们发现有的信息没传达清楚时，就赶紧修正。当我们发现别人对某件事存在重大误解时，就赶紧准备翔实、有说服力的证据说清楚。

而误会不一定能在短期内化解。有的人可能心胸比较狭窄，即使我们做了补救，他也可能认为这只是他施加压力后我们的权宜之计。对于这种情况，我们只能靠长期的行动去感化他了。路遥知马力，日久见人心。这就是"长"的意思。有些误会只能交给时间去化解。

当然，行动并不意味着完全不需要解释。造成误会的原因很复杂，如果根源是对信息的误解，解释也是必要的。就像前面举的例子，因为只考虑自己而在工作中忽略了合作同事的想法和感受，自己擅自决定并做完了某件事，合作同事可能认为你没有把他放在眼里，对你产生误会。这个误会的根源在于他怎么定性你擅自决定这个行为，他站在他的立场上有自己的想法很正常，而你也可以站在你的立场上给出解释。

对于这种特别困难的解释，我推荐大家"四层沟通术"：第一层是描述事实，说清细节；第二层是饱含情感地诉说感受；第三层是解决问题，做出承诺；第四层是具体行动，践行承诺。

既然他是因为你擅自决定而产生误会，那你首先要把这件事还原清楚。你可以这样说："上次的事是我不对，我确实没有和你商量。当时是因为甲方催得太紧了，让我当天就给出结果，你看这是对方当时发来的消息。"没有征求对方的意见是一个事实，你必须承认，但也要补充更多细节，让对方知道这件事是情有可原的。

接着，你可以说："过后我想了想，当时做得确实不太妥当，时间再紧，至少也应该跟你打个招呼。因为我的行为让你误会了，我也很难受。"这就是饱含情感地诉说感受，表达对彼此关系的重视。

在第三层，你就要解决这个问题，承诺改正，保证下不为例。

第四层是具体行动，践行承诺。口头做出承诺很容易，但如果不是真心改正，时间长了，肯定会露出马脚。你只有在接下来的长期合作中具体行动，践行承诺，才可能真正赢得对方的谅解和信任。

这四层沟通既包含对当时情况的解释，也包含以后的行动，合在一起才算构成了完整的"解释"。大家可以练习一下，模拟一个可能出现的情况，把对应的话术罗列出来，看看能不能准确掌握。

在职场，误解和误会每天都在发生。不知有多少同事因为这样的原因渐行渐远，也不知有多少人因为这样的原因带着委屈离开团队。愿大家都能领会本节所讲的知识和技巧，在现实生活中见招拆招，不再因为一个"误"字而误了自己的人生。

对不起，我可以提点意见吗

所谓"对事不对人"只是针对动机，但从结果来看，只要"对了事"，就一定会"对人"。因为事情都是由人做的。这就会导致一个两难的困境，有时候我们提出的意见可以改进工作，但又不敢提出来，害怕得罪人，害怕伤害别人的感受，也害怕给自己引来不必要的麻烦。这时候我们是直言不讳，还是明哲保身？我的态度是要区分情况。我们要知道在什么情况下需要明确地指出问题，在什么情况下不需要发表个人意见。

在职场，需要直言不讳的情况分为两种。

第一种情况是在和别人合作时，如果对方的工作方法、状态存在明显的问题，不改正就会对合作项目造成不良影响，我们就必须直言不讳。

例如，在跟另一个同事合作某个项目时，对方每次都提供错误的数据，我们就必须指出他的问题。如果我们碍于面子，担心对方不高兴，每次自己默默地改，不仅会降低个人的工作效率，还会降低整个项目的推进效率。而且，别人也不一定会领情。当我们实在受不了时跟他说："我都替你改了好几次了。"他可能会说："谁让你替我改的，为什么不直接跟我说呀？"这就是费力不讨好，我们还不如早早地直接指出问题。

第二种情况是如果对方的个人习惯影响到了我们，给我们造成了很多困扰，我们也必须勇敢地说出来。例如，有的人说话很不得体，那我们就应该直接告诉他："你能不能文明一点？你这样说话让我很不舒服。"再如，有的人不管出于什么目的，和人打交道时喜欢没有分寸地动手动脚。面对这种情况，我们一定要当场指出："别老动手动脚的，你这样让我很不舒服。"凡是让我们不舒服、在心理或生理上难以接受的行为，我们都应该直言不讳地指出来。否则时间长了，情况会进一步恶化。

不适合发表个人意见的情况也分为两种。

第一种情况是面对和工作无关的事情。既然我们和同事是工作关系，那彼此的交集就应该限定在工作范围。我们无权干涉对方与工作无关的一些习惯和偏好。例如，对方的发型、衣服、兴趣爱好都是与工作无关的事情，我们不适合对其指指点点。

第二种情况是面对和自己无关的工作事务。例如，两个同事因为工作原因发生了矛盾，他们来找我们评理。这时候，因为我们不是当事人，不可能完全了解过程中的细节，所以不应该盲目地评判。

在不应该提意见的场合，我们应该坚决闭嘴；在需要提意见的场合，我们应该勇敢地说出自己的想法。但是，具体怎么说才能不得罪别人，让别人听进去呢？

我分享两个方法，既能让大家准确地表达意见，又能

让对方更容易接受。

第一个方法叫作三明治法。三明治法就是把提意见的表述设计成三明治式的结构：赞美＋问题和意见＋赞美。例如，你和另一个人一起写一份文件，你觉得对方的排版有问题，那么该怎么安排三明治结构呢？

首先，你可以肯定对方写得真不错，切入的角度挺新颖。注意，赞美时要有细节，只是空洞地说真好、真棒，是没什么感染力的。接下来，你要指出问题："我看现在这种排版好像有点影响理解，你写得这么好，如果用这种排版，内容就被埋没了。一般来说，公司的这种文件都是用……格式的，要不你改一下吧。"你委婉地提出了核心问题，并用商量、建议的口吻请对方修改。在第一层赞美的铺垫下，对方更容易接受你的意见，也更愿意配合你。在第三层，我们仍然要由衷地赞美对方，可以换一个角度，如"我发现你的文笔很有感染力啊，特别是结尾部分写得非常好"。

每个人都喜欢被夸奖，没人喜欢被批评。所以，当我们指出别人的问题并给出自己的意见时，别人的第一反应可能是自我防卫，满脑子想的是反驳和辩解，这时我们直接提出批评往往适得其反。三明治法的妙处在于用第一层和第三层的赞美把尖锐的批评夹在中间，让别人更容易接受。

第二个方法叫作止损法。为了说服你做某项工作，下面我说两段话，你看看哪段话会让你更有做事的动力。

"小张啊，这项工作值得做。你把这件事做好，今年的业绩就提上去了，年底加薪是没问题的。"这是第一种说法，主要是拿做这件事的好处来说服对方。

"小张啊，你要做这项工作。咱们部门的竞争很激烈，但你干得不错。前段时间，我们刚刚讨论了年底的加薪方案，已经决定为你加薪。这时候，你要不冲在前面，年底的加薪可就不一定有了。"这是第二种说法，主要是拿可能的损失来说服对方。

大家觉得哪种说法更容易说服别人呢？相较于可能的收获，我们更厌恶可能的损失。其实，我在前面举的例子里已经使用这个方法了。"现在这种排版好像有点影响理解"，就是在告诉对方，文章的思路和内容都很好，格式问题会掩盖文章的优点，会给你造成损失。这时候，对方自然愿意接受我们的意见。我还要提醒一下，大家运用止损法时要注意表达技巧，不能采用威胁的语气，如强调你不这样做，我就不给你某个东西了等。

上面讲的是如何表达自己的意见。可能有的朋友会说："如果对方的做法对自己的影响很大，可是对方又很强势，我不敢直接跟他提意见，该怎么办呢？"这里我要强调一下，大家绝不能绕过他，直接找领导反映。这不仅是因为打小报告的行为不好，直接找领导会给双方都带来非常不好的影响。

如果你觉得对方性格很强势，跟他沟通没用，请记住一点，沟通可能真的没用，但沟通这个动作有用。即使你不期待跟他沟通会有什么好的结果，也必须先和他沟通，明确提出自己的意见。如果你绕过这一步，直接跟领导说："这个人做了……影响了我，但我不敢跟他说，能不能拜托您给协调一下？"这时候领导会怎么想？他的第一感受就是你的工作能力有问题，遇到这点小事还要直接找他。另外，领导会想，这是你们俩之间的事，跟他有什么关系?

所以，如果你真的下定决心要找领导，在这之前也一定要直接向对方提出意见。有了这个动作（即使它确实没有效果），你再找领导反映的情况就不一样了。你可以这样说："这个同事……我有……困扰。我也跟他进行了一次非常深入的沟通，正式提出了我的意见，但他可能还是不太理解，所以希望您能帮我协调一下，以便让我们的工作更顺利地进行下去。"

到了这一步，如果领导还不帮你解决，那就是他的问题了。一般情况下，领导都会帮你协调。第一，领导知道你已经在自己的层面为这件事做了最大的努力。第二，领导知道这件事已经影响到工作了，如果他不解决，出了问题他是要承担责任的。

对于特别难打交道的同事，我们在和对方沟通时要注意三点（或许能让我们仅仅通过自己的努力就解决问题）。

第一点是可商量。与同事沟通时，我们不要用命令的语气，而要用商量的口吻。这样对方在接受我们的意见时，才能有一个比较平稳的心理状态，才可能听得进去。如果我们态度强势、颐指气使地跟对方沟通，反而可能让对方产生抗拒心理，更难解决问题。

第二点是可选择。我们不能只是提出意见，最好能给对方指出一个大概的改正方向，这个方向最好是他更容易接受的方向。如果我们能给对方多个选择，就更容易解决问题了。人在听到有选择的时候，会觉得最终的结果是自己自主的动作。这些选择既然是我们列出来的，无论他最终怎么选，对我们都是有利的。

第三点是尽量使用正面词语。无论对错，提意见肯定更多是反馈负面信息。但即使是表达负面意见，我们也可以多使用正面词语，从而传递更积极的情绪。例如，当我们要批评别人做事不够周全时，直接说"你的思路漏洞太多了"，不如说"这样做是不是更周全"；直接说"你没认真做这件事"，不如说"拿出你百分百的实力，肯定能把这件事做好"。大家有时间可以多做这样的"翻译"练习，对于同一个意思，把负面词语转换成正面词语，别人的接受程度就会大不一样。

本节讲的是给别人提意见的技巧。最后，我想强调的反而不是上面这些具体的技巧，而是发表自己的观点、给别人提意见的意识。大家不要害怕在工作中和别人产生分歧。在必要的时候有一些不同的理解、发表一些自己的看法是非常重要的。如果你总是担心别人不高兴，该表达的时候不表达，那么你连别人的尊重都不可能获得，更不可能获得别人的喜爱和欣赏。

场景 8

你有唇枪，我有舌剑

我们必须承认，大部分人的职场生活并不那么愉快。除了工作上的各种失误，最影响情绪的大概就是别人的语言攻击了。

好多朋友带着满腔热情去找别人沟通，回来之后却愣在那里：这是语言攻击啊！我刚才怎么没反击回去？这次没发挥好。对待那些出口伤人的人，我们也要准备好顺手的武器。你有唇枪，我有舌剑。

大家一起照相，拿到照片都兴奋地上前围观。有人非要说一句："哎哟，小李的脸好大啊，像不像大饼？"或者有人见了同事，先说一句："哎哟，那是你老公吗？怎么那么矮？"又或者有人说："你可要少吃点，本来就不高，现在又矮又胖的，像一个小土包。""你的文笔怎么这么差，还是研究生呢，水平还不如我儿子。"

这些讽刺、贬低都是语言上的攻击，都是一种暴力，杀伤力很大。有的人纯粹是说话不经过大脑思考；有人却是在故意贬低别人，好像这样就可以抬高自己的身价，增加自己的存在感。后者往往内心很自卑，因为缺乏自信，才总是希望通过攻击别人来获取优越感和幸福感。越是喜欢有意贬低身边人的人，实际的地位和层次越低。所以，如果我们不幸成了被攻击的人，确实不能"和他们一般见识"，用同样粗鄙的语言反击，如你才矮、你的文笔才差。如此几个回合下来，岂不是自降身份？事实上，只有同一水平的人才能吵起来，这种语言上的互相攻击没有胜负之分，最终一定是双输。

所以，遇到这样的语言暴力，对骂不是一个好的应对方式。大家记住，回应语言暴力的根本原则是超越，超越对方的层次，超越对方的思维水平。我们要学会转换视角，从水平视角转换成俯瞰视角，只有站在更高的维度，才能向对方施以降维打击。我们要赢的不是对我们进行语言攻击的人，而是人心，也就是其他人心中的尊重。认识到这一点，我们就已经站到了更高的维度。在进行具体的回击之前，我们还要控制好情绪，营造气场，表现得胸有成竹。下面我分享三个可借鉴的技巧。

第一，要直视对方的眼睛。这是要告诉对方，我不和你对骂，不是因为畏惧，而是我有更好的方案。千万不能在对方攻击我们时低着头，好像自己犯了错。在敌对的情境下，我们的直视对他来说是有压迫感的。

第二，要注意停顿。有时候，沉默的力量比大声喊叫还要大。在对方期待着我们用语言回击时，我们的停顿反而会让对方不知所措，会让对方特别全神贯注地等待我们回应，因为他不知道我们下一步要说什么、做什么。停顿会把对方的注意力转移到我们接下来要说的话、做的动作上，我们实际上已经拿回了主导权。

第三，如果能做到，一定要微笑。很多时候，我们的气场就体现在微笑上。当一个人攻击我们时，我们没有急赤白脸地破口大骂，也没有上气不接下气，只是很坦然地和他对视，一边沉默，一边微笑，那对方心里可能就会犯嘀咕了。

人和人进行斗争时，不要逞匹夫之勇，我们的勇敢要体现在智慧上。对方越是气急败坏地进行语言攻击，我们越要气定神闲，先看着对方的眼睛沉默一会儿，再给对方一个神秘莫测的微笑。这实际上可以帮助我们在心理上占据优势，让对方产生不解和恐惧。接下来，我们就可以考虑出招了。对于如何有理、有力、有节地回应语言攻击，我也帮大家做了梳理，总结了六种可以借鉴的具体话术。

反击话术一：打断。

第一个反击话术是打断，即打断对手的话语和思路。我们每个人在说话、做事的时候，潜意识中都是有一套程序的。当突然被打断时，我们的思路和情绪很容易受到影响，于是往往陷入无所适从的迷茫中。这个打断不是生硬地喊"停"或者"你别说了"，而是要巧妙地打断对方。例如，我们突然和对方握个手，或者突然从旁边找出一份文件递给对方，或者突然给对方递一瓶水。核心是要突然，要出乎对方的意料，要能让对方发愣一下，这样我们就有了反击的机会。

例如，别人攻击我们说："你的文笔太差了，我儿子写得都比你好。"这个时候，我们与其用类似的话回击，不如在他得意扬扬地等着我们生气的时候直视着他，沉默、微笑，然后说上一句："你自己好好想想，你说的是什么话？"接着，我们转身离开。他听到这样的话是不是会觉得费解？在迷惑和考虑中，他的话语体系就中断了，只能尴尬地站在原地，而我们早就飘身而去了。这时候，旁边围观的同事会怎么看呢？

如果对方情绪激动，我们采取直视、微笑、停顿这样的动作无法打断他时，就可以加大动作，比如转过身拿起一支笔递给他，然后说一句："你把自己刚才说的话写下来看看吧。"然后我们同样转身离开，表现出根本不愿意搭理对方的意思。

一定要记住，说完就走。即便对方还在嘟囔，我们也要离开，不要停在那里享受自己反击回去的胜利果实。这没有必要，而且容易让旁人感觉我们不够自信和从容。这就像在篮球场上投三分球，投出后眼巴巴地盯着是否进球，和看都不看、直接转身表现出来的气场是不一样的。

反击话术二：认可。

采用"认可 + 反问"的话术也可以有效地反击对方。这个话术很简单，就是先表示认可，再轻飘飘又语带讥讽地反问一句："我老公确实矮，怎么了？""我的文笔就是差，影响你了吗？"这时候，无论他接话还是不接话，他的注意力都会转移到我们的反问上，等待他的就是尴尬。

反击话术三：直指动机。

相对来说，这个话术更直接、更强势，给对方的打击也更大。"我的文笔差，你想自己写这个方案吗？""我的脸大，所以衬托出你的漂亮吗？"虽然在短时间内组织语言可能造成反击不够准确，但这些话都足以提醒周围的同事，对方说话的背后是存在不好的动机的。

反击话术四：转移话锋。

在反击语言暴力时，还有一个话术可以让对方自乱阵脚，那就是重复对方话语的关键词。例如，别人攻击我们："作为研究生，你连这个都不知道。"这时候我们可以假装没听清，很认真地重复他刚说的关键词："研究生？什么研究生？"那他只能再重复一遍刚才的话，而再重复的攻击性会大大减弱。他自己也可能觉得了无滋味，我们就可以借此机会考虑下一步如何反击。

反击话术五：强制换位。

这是一种比较温和的话术。有时候，对我们进行语言攻击的人没有恶意，可能是因为没有同理心，缺乏换位思考的意识和能力。所以，我们可以通过语言强制引导他换位思考。例如，对方攻击了我们，我们可以说："如果换成是你好端端地坐在这里，有人来和你说这些话，你会怎么想？"这其实是在温和地提醒对方，他的表达会伤害别人。再如，我们也可以把自己和其他人换位，对他说："如果换成其他人（甚至可以是双方都很熟悉的人）坐在这里，听你这么说，这时候都动上手了。"如果对方确实没有恶意，我们这样回应后，他通常会认识到自己的错误，然后表达歉意。

反击话术六：分类转移。

当对方的语言有攻击性时，我们可以把话题往其他方面转移，以力卸力。转移的基本路径有三个：一是向上拔高，即把对方说的话在道德层面上拔高；二是横向拓展，即把话题转移到其他相关的安全话题上；三是向下具体化，即把抽象的攻击转化为具体的问题。

例如，有人攻击我们，说我们口是心非，做人太虚伪、不够真诚。我们就可以把他的攻击在道德层面拔高："感谢你这么真诚地指出我的问题，感谢你能这么关心我。批评虽然不太好听，但你说出来是为了我好。那我很想和你聊一聊，你是怎么做到真诚的？"通过向上拔高，我们就把对方的攻击抽象化了。如果他把我们的回应当作讽刺，那我们的话就成了回击；如果他真的愿意和我们聊一聊，那我们不妨听一听。无论如何，剑拔弩张的紧张气氛都可以得到缓解。

横向拓展的意思是在同一层面拓展，借以转移话题。例如，我们可以说："你这么说太伤人了，能不能给我一些建议，我应该怎么改？我现在应该怎么回应你才是真诚的。"问出这样的问题，就相当于将他置于我们所处的境地，让他替我们想办法化解难题。一旦他接话，情绪就会有所缓和，接下来双方聊什么都行。

向下具体化就是把对方的攻击导向更具体的内容。如果对方说我们虚伪，我们可以问他："虚伪具体表现在哪里？我在什么方面不够真诚？"这就把攻击转移到具体的事情上。在对方举出的实例里，如果我们确实有做得不妥的地方，就道歉、解释、改正，改善自己的形象，修复彼此的关系；如果双方有误会，我们正好可以借此机会把来龙去脉解释清楚，进而缓解矛盾。

以上就是我要和大家分享的应对语言攻击的内容。在遇到语言攻击的时候，我们可以采用一些强硬的话术，也可以采用一些比较温和的话术。但无论什么话术，都建立在大家能够控制自己的情绪、做到气定神闲的基础上。最后，我想提醒大家，这些话术也具有两面性。话术用得好，可以作为保护自己的盾牌；话术用得不好，也能成为攻击他人的武器。我当然希望大家的"舌剑"只是用来对付恶人的"唇枪"，而不是用来伤害别人。

场景 9

我有一个不同的看法

　　我在前面多次讲过，每个人都喜欢和自己同频的人。但是在职场，我们不可能和每个人都高度同频。因此，如何在双方意见不合的情况下说服对方，或者如何求同存异地和对方愉快合作，就成了一个很大的考验。本节要分享的就是如何心平气和地和对方讲道理，说服对方接受我们的意见，或者至少可以接受我们有不同的意见。

　　我首先想强调的是一定要心平气和。双方意见不合是职场中十分常见的事情，大家一定要冷静下来。如果我们不能很好地控制自己的情绪，那道理讲得再好，对方也听不进去，甚至可能引发两人的矛盾。

接下来，我们看看意见不合的情况有哪些，两人之间"不合"的原因究竟是什么。

第一种情况最简单，是关于事实的分歧。例如，关于现在的时间，有人认为是晚上 10 点，有人认为是晚上 9 点半。这就是关于事实的分歧。对于这种分歧，大家找标准时间对照一下就可以了。这是一个简单的例子，职场中也可能存在关于事实的分歧。例如，某人认为自己的销售业绩增长了 20%，但主管领导却认为只增长了 5%。原来一个人的依据标准是销售额，另一个人的依据标准是产品销量。这两个数据可能都是事实，但谁对谁错呢？那就要看公司规定的业绩考核标准了。

现在是晚上 10 点，有人认为该睡觉了，有人认为时间还早。这种分歧和事实无关，差异在于"该不该睡觉"，这就是观点的分歧。观点的分歧最常见。我们需要努力说服别人改变的也是观点。

有些分歧从表面上看是观点的分歧，但实际上有更深层的原因，如立场的不同。例如，关于"双十一"的商品定价策略，销售部的观点可能是要尽量降价，因为他们的提成和销售额直接挂钩；市场部的观点可能是反对打折，因为公司的产品长期不打折，他们担心打折会影响品牌形象。不同的立场本质上代表不同的利益基础，由不同立场造成的观点分歧很难被消除，因为我们很难提出两全的方案。

还有一种立场决定观点的情况，就是有的人喜欢坚定地站在朋友那边。从表面上看，大家都在同一个部门，立场不会有太大的差别。但私底下，不同人之间的远近亲疏也不同。面对这种情况，如果想说服对方，我们就必须从其他方向入手，如找到双方的共同利益，用共同利益说服对方。

由不同信念造成的观点分歧更难被消除。一个人的信念由过去的全部经历决定。我们的家庭、教育和成长环境共同决定了我们对事物的整体看法。这些看法不可能简单地依靠外力改变。

通过上述对比，我们可以知道，事实的分歧是最容易消除的。我们可以用客观的标准衡量，只要找到证据，别人就无法辩驳。观点的分歧有消除的可能，而由不同的立场和信念造成的观点分歧很难被消除。职场中，我们和别人争论的看似是观点，但最终往往要解决的是由不同立场和利益造成的分歧问题。对于不同立场造成的观点分歧，我们要看清；对于不同信念造成的观点分歧，我们要接受。大家理解意见不合的根本原因后，我想针对不同的情况分享四种不同的应对策略。

策略一：正面进攻，适用于真理在握、有把握说服对方的情况。

任何较量的结果无非三种：己方全胜，对方全胜，以及不分输赢。每个人都想在较量中取胜。但在职场，我们很多时候需要平衡各方的利益和关系，很难获得全胜。不过如果真的真理在握，我们也不能放弃正面进攻、力求全胜的机会。

当我们和别人有了分歧，如果经过仔细考察，在理论层面、实际操作层面都有十足的把握，那可以选择正面进攻。我们找到合适的机会，摆出所有的论据，确保现场有人可以做出评判，然后好好解释自己的想法，驳斥对方的观点。

当然，我也要提醒大家，十足的把握和全胜是指观点方面，我们必须考虑对方的感受和利益。在最后的方案中，我们一定要注意平衡对方的利益，不要想着赢者通吃。一定要记住，职场上的分歧和辩论都是为了工作，不存在战场上那种你死我活的竞争。

策略二：隐忍回避，适用于没有把握、毫无胜算的情况。

和上一种策略相反，如果我们思来想去，发现自己储备的"武器"和对方相比毫无胜算，正面进攻完全是以卵击石，这个时候就应该选择隐忍、回避，等待时机。即使我们内心深处仍然坚信自己的观点是正确的，也不要一直强势地和对方辩论，而应该选择一个合适的时机告诉对方："我保留意见，但我同意按照你的意见推进。"这也是一个成年人应有的风度。

当然，这并不是彻底放弃。如果你真的对自己的观点很有信心，可以把这种竞争看作系列赛，一边按照已经确

定的方案推进工作，一边继续寻找证据和支持。等到将来
有合适的机会，你可以重新发起进攻。如果你遇到的是一
个短期项目，自己并没有机会翻盘，那就接受这个结果。
这个世界没有永远的赢家，也没有永远的输家。

策略三：求同存异，适用于非原则性问题的分歧。

有时候，我们和对方意见不合，但又需要长期合作，
并且分歧点不涉及原则性问题，那我们就可以选择求同存
异。聪明人不会在任何事上都要争个输赢。只要不涉及原
则性问题，我们完全可以采取求同存异的策略，以便后续
愉快合作。

求同存异并不是软弱，而是舍小取大。容忍小问题上
的分歧是为了更长远的合作。夸张点讲，如果我们不能做
到求同存异，别说在职场，在日常生活中也很难生存下
去。我们辛辛苦苦上班，是为了推进工作、获取收益，不
必在所有问题上都一较长短。

策略四：妥协折中，适用于各有道理、旗鼓相当的情况。

还有一种情况是双方旗鼓相当，观点各有所长。这可能是因为各自的证据与能获得的支持难分高下，也可能是因为双方的观点各有道理，看似相互矛盾，实则互为补充。遇到这种情况，我们要学会妥协折中，找到一个双方都能接受的方案。这需要双方各退一步，找到共同点，回避直接的冲突点；也可能需要双方把意见整合到一起，在更高层次上达成某种统一。

回顾以上情况，我们不难发现，在和别人的意见出现分歧时，要想大获全胜、赢者通吃是不可能的。身在职场，不同的人有不同的立场和信念，尽量求同存异和妥协折中才是更明智的应对之道。那么在具体的场景中，怎样才能更快、更好地说服对方呢？我总结了以下四种说服方法。

说服方法一：停顿法。

这种方法有一个公式：表示肯定＋适当停顿＋己方观

点。越要表达相反的观点，我们越要从肯定对方切入，这样才能让对方进入我们的话语和思维体系，给自己创造充分表达观点的机会。

例如，我们正在和同事讨论一个问题，他提出了一个看法，而我们的看法与他不同。在不太注意的时候，我们很容易脱口而出"哎呀，这不对""这样肯定不行"。一旦我们开始否定别人，不管接下来说什么，对方的本能反应都是防守和反击：他为什么这么说？我应该怎么反驳？这时候他是不会认真听我们说话的。

如果我们换个说法，先从肯定对方切入，效果可能大大不同。例如，我们可以说："你这个见解很深刻。"听到这样的夸奖，对方一般会略作停顿或回应。这时候，我们也要略作停顿。这个停顿很重要，如果没有停顿，直接表达不同的意见，那前面的认同就显得很敷衍。停顿一下，既能表示自己在思考，又能显示自己的犹疑："嗯，我有个想法，不知当讲不当讲呢？"有了这个铺垫，当我们再说出自己的观点时，对方就更容易接受。

这种方法的关键和绝妙之处就在于中间的停顿。停顿听起来很平常，但大家一定要试一试，看看是不是有神奇的效果。

说服方法二：引导法。

如果停顿法是基础方法，引导法就是进阶方法。简单地说，引导法就是不管对方说什么，我们先不要反对，不要辩驳，不要解释，而是想办法通过其他类似的事件或案例启发他思考，把他的思路引导到我们的逻辑中。

如果有人玩过"狼人杀"游戏，就更容易理解这种方法。这个游戏有一个环节，每个人都要陈述自己的想法。如果我们仔细观察那些玩得好的人，会发现他说的每一句话都在努力把其他人的思维带入他的逻辑。也许之前我们觉得他很可疑，心里想着要把他投出去，但等他分析完，我们很可能会觉得他的话很有道理："嗯，好像确实是这么回事。"

我举一个国外的案例，给大家展示一下在工作中用好引导法的威力。在一次会议上，大家准备讨论产品策略的改革。参会人员都是年龄比较大的老员工，而且都是男性，只有一位比较年轻的女员工。这家公司是做高级成衣的，所以这位女员工就提议公司应该进军休闲服市场。这个提议一出，老员工们马上站出来反对。有人说没有那么容易，不是想进就能进的。有人说现在的年轻人只知道跟风，而且没有多少钱，根本买不起高级成衣。还有人说公司从来没做过休闲服，没有经验，肯定比不过竞争对手。

总之，各种反对意见满天飞。可是，这个女孩子没有任何反驳，她静静地等大家说完，反而笑了，然后开始讲故事，而且是特别情绪饱满、眉飞色舞地讲故事。故事的主角是一家出租影视光盘的公司。这家公司早年非常火，她描述了特别多的细节。她说自己年轻的时候特别喜欢租这家公司的光盘，每租一张，公司就可以收到 2 美元。那个时候身边的人都在租光盘，这家公司一年的营业额有几千万美元。当时她还算过账，如果公司能这样持续运作 20 年，绝对可以在传媒领域一枝独秀。她讲得眉飞色舞，说了很多自己的感受，让整个故事很有感染力。其实，这个故事在大家听来和当时的讨论毫无关系，和他们公司也毫无关系，但大家都被带到故事里了。等她讲完，终于有人回过味来："这和咱们公司有什么关系？"

这个问题一提出来，正中她的下怀。她拿出一本杂志，杂志上刊登了当时的富豪榜。她指着上面的照片说："这些人都是世界级的富豪。现在他们穿的是什么？是休闲服。以前他们要求所有人都穿正装，就像大家以前都租光盘看电影一样。而现在呢？没人看光盘了，这些人也已经允许公司的员工在某些时间穿休闲服了。"接下来，她又举了一个例子。她说在硅谷的互联网公司，整天穿正装是要受到排挤的。接下来，终于有同事提出："以咱们公司的品牌影响力，哪怕是做T恤，也可以把它们卖到高级成衣的价格。"

这时候，她又说话了："我们都租过光盘的那家公司现在在哪儿呢？在所有公司纷纷转型互联网的时候，它还在做传统的光盘生意，因为没跟上市场的变化，它最后倒闭了。这就是那家公司和我们的关系。"

到这里，大家终于认识到：第一，休闲服的市场很大；第二，休闲服的利润很高；第三，不做休闲服，公司有可能被时代淘汰。这个会议的最终结果可想而知。

引导法不是平铺直叙地把一二三点罗列出来（这只是最基本的把话说清楚的方式），而是要想办法把别人引导到我们的表达逻辑中，让别人心甘情愿地接受我们的想法和观点。刚刚介绍的案例值得大家好好揣摩。

说服方法三：提问法。

提问法的核心不是表达自己的观点，而是用提问的方式让对方意识到他的观点有漏洞或错误，进而把对方带入自己的观点中。

例如，同事的工作出了问题，我们觉得这是由于工作流程不对造成的。但他认为自己的工作流程没问题，是因为误会了领导的要求。我们觉得他是在为自己的不足找借口，但如果直言不讳地指出来，对方可能很难接受。既然他说是误会，这时候我们就可以抓住"误会"这个关键词，采用提问法，一步一步戳穿他的借口，甚至要求他改正。我们可以问他究竟哪里有误会，领导是怎么说的，工作手册上是怎么要求的，他又是怎么理解的。如果他说不上来，那就是"自己打自己的脸"，我们自然可以导向真正的问题；如果他能说上来，但没法为借口自圆其说，我们驳斥这个借口就行了。

这是第一层提问，争取暴露真正的问题。接下来是第二层提问，我们可以继续问他以后出现同样的问题该怎么办，由谁来负责。如果他做出承诺，再出现问题自己会负责，那无论他口头上能不能被我们说服，他在行动上已经被我们说服了。他已经认识到真正的原因并且会努力改正的。根据具体的情况，如果有必要，这个提问还可以继续深入下去，直到对方真正被"说服"、下一步的工作效果得到切实保证为止。

职场中，我们苦口婆心地给对方讲道理，或者言辞激烈地和对方辩论，目标就是说服对方。而说服对方的更深层目标是将正确的思想落实到工作上。所以，大家没有必要纠结说服的方式，一切以结果为导向。提问就是一种暴露对方问题、监督对方承认、让对方承诺解决的方法。

说服方法四：反向夸奖法。

如果对方非常强硬地反对我们的意见，理论上有两个可能：一是从理性的角度看，他确实非常不赞同我们的观点；二是从感性的角度看，他实在难以接受。既然我们的目标是说服对方，在理性层面不能退让，那么在感性层面做些让步也无妨。反向夸奖法就是在情绪上照顾对方的感受、在感性层面做出让步的方法。

例如，有个同事平时和我们的沟通很顺畅，但今天的态度却特别强硬。如果这时候我们也陷入负面情绪中，和对方针锋相对，那双方可能彻底陷入僵局。如果我们使用反向夸奖法："咦？你这家伙平时一直很温和啊，没想到较起真来这么厉害！算了，咱们今天就到这里吧，改天等咱们都冷静了再讨论。"对方本来等着我们反击，没想到居然被夸温和、脾气好，那他的情绪一定会有所缓和。即使他做不到瞬间冷静下来，事后琢磨一下，也会觉得我们这个处理本身挺"温和"的，进而愿意更深入地考虑我们的意见。采用反向夸奖法时，我们看似做了退让，实际上在"休战"的那个瞬间，我们已经拿回主导权了。

再如，我们在部门里提出的建议遭到了一些老同事的反对。实际上这一块业务主要涉及年轻人，只是这些老同事的思想有点保守，对新鲜事物缺乏了解。

我们可以这样说："我跟着几位老师学习也有好几年了，对各位也比较了解。我知道大家在思想上一直与时俱进，对各种新鲜事物也从来不排斥，哪怕不喜欢，也能够做到了解、尊重。各位老师都是这方面的专家，既然大家都认为不可行，看来这个建议一定在深层次上存在一些问题，我回头一定再认真完善下。但我的能力有限，所以我想请……老师和……老师帮我把把关，看看问题的根源在哪儿。"

注意，反向夸奖并不是没有原则地胡乱吹捧对方，本质上是换一种方式给对方提个醒。我们用夸奖的方式提到了与时俱进和新鲜事物，对方在心情愉悦的同时很可能尝试与时俱进地对待新鲜事物，然后更公正地对待我们的建议，甚至真的有可能提出改进性的补充建议。

在职场，想说服别人是很困难的一件事。大家要对困难抱有充分的估计。我们能否说服对方很大程度上取决于我们说服能力的强弱。所以，大家应该好好提升说服别人的能力。

场景 10

对不起，这事我干不了

在核心认知篇，我曾经跟大家强调过，我们和同事、领导的关系，无论是浅层还是深层，都是在工作的交集内。然而，工作也是和人打交道，有时候难免会侵扰私人空间；即使是在工作范围，同事推过来、领导压下来的事情也不一定属于自己的职责。面对平级的同事，我们还好推脱，但领导的安排就会让人左右为难。如果我们直接拒绝，很可能得罪领导，很难和他继续共事；如果我们勉强接受，做起来愁眉苦脸、一肚子委屈，可能也干不好，结果就是费力不讨好。本节分享几个招数，让大家彻底远离这种接也不是、不接也不是的尴尬境地。

我们首先讲在工作范围内如何拒绝领导的不合理安排。我建议大家熟练掌握以下三个步骤。

拒绝步骤一：判断。

严格地说，这属于拒绝之前的步骤，但它太重要了，我们就把它看作第一步。这一步是后面所有拒绝动作的基础，如果这一步错了，那后面的动作可真是步步错了。所谓判断，就是要判断领导的安排或要求是否合理。如果安排或要求合理，我们当然不能轻易拒绝；如果安排或要求不合理，我们就可以下决心拒绝。难点在于如何判断，我分享几个判断的标准。

第一个判断标准：是否和工作有关。与工作压根无关的事，如帮他带饭、买咖啡，甚至晚上吃饭或看电影，当然是不合理的，领导没有权利要求我们在这方面配合他，这侵占了我们的私人空间。当然，如果有人愿意和领导建立私人交往，甚至成为朋友，那就是另一回事了。

第二个判断标准：是否属于自己的职责范围。与工作相关的事，不一定与我们个人有关。例如，我们身在生产部门，如何改进设计和工艺就是我们的职责所在，即使事情特别麻烦，我们也要硬着头皮推进。但是，如果领导安排我们起草或修订营销方案，这项工作就超出了我们的职责范围，我们是可以拒绝的。当然，我们也要详细区分这种情况。如果根据公司的架构，营销方案的设计本来就需要生产部门的支持和配合，那领导的安排可能也是合理的；或者迫于经营压力，领导让我们临时过去支援两个星期，而且明确说这是额外的任务，也会在待遇上另有安排，这种情况也值得我们认真考虑。

第三个判断标准：是否违规违纪。如果领导的要求违背公司的规章制度，我们就必须拒绝。

第四个判断标准：是否违背个人的原则。有的事情既不违法，也不违背公司的规定，但从道德层面上不是我们愿意做的，我们也必须三思。例如，领导想开除某位同事，而这位同事已经和我们同甘共苦地奋斗了好几年，早就成了朋友。领导安排我们出来指摘他的不是，甚至不要求我们撒谎，只让我们实事求是地在"批斗"会议上指出他工作上的问题。这时候我相信很多朋友会选择拒绝。人和人不同，坚持原则的方式也不同。我们要在道德层面做出选择，只要自己能够承担后果，内心的逻辑能够自洽，晚上能够睡得着就可以。

第五个判断标准：是否超出个人能力。对于自己没有能力做的事情，即使利益诱惑再大，我们也要拒绝，因为那些利益本来就不属于我们。

职场合作讲究的是共赢，我们不能只考虑自己是否高兴、是否喜欢、是否能获得利益。充分考虑后，如果我们发现领导的安排或要求是合理的，就应该尽量接受。这样才能和别人达成更好的合作，也可以为整个团队带来更大的利益。如果我们发现某些安排或要求确实不合理，就要考虑如何拒绝了。

拒绝步骤二：委婉沟通。

没人喜欢被拒绝，特别是领导。领导被我们拒绝已经很难受了，如果我们再做不到委婉地沟通，那怎么让人下得了台呢？委婉的意思其实是用合适的态度和方式表达拒绝，但不要轻易改变自己的初衷。也就是说，拒绝的态度可以坚决，但拒绝的方式一定要委婉。

例如，领导想将你外派到分公司。由于需要一年的时间，你觉得时间太长了，而分公司的那块业务又不归你管，你就可以考虑拒绝。但是，领导做出这样的决定也一定有他的道理。这时候，你要想办法和领导委婉地沟通，如总公司也有项目、自己生活上存在困难等。你也不一定指望一次沟通就能解决问题，领导有领导的难处，但你可以给他留一些反应、调整的时间。不过，不想去就是不想去，这个态度要坚决，否则别人就会觉得有机可乘，然后想尽办法说服你。

很多朋友不敢拒绝领导，担心领导生气，甚至记恨自己。实际上，拒绝本身给人造成的负面感受要远远小于沟通过程造成的感受。引起别人反感的往往是拒绝的方式，如果我们能够采用柔和的方式坚决地拒绝，一般不至于引起冲突。

拒绝步骤三：变通。

例如，领导要求我们周末加班，完成某个项目。这显然属于不合理的要求。但是，我们也知道这个项目的紧迫性，从这个角度讲，领导的要求又存在合理性。这时候，我们可以选择拒绝领导的具体安排，但可以接受领导希望完成的工作目标。领导的目的不是逼着我们加班，而是让我们按时完成任务。那我们可以变通地问："请问领导，您希望什么时候完成这个项目？我这个周末确实不方便过去加班，但我保证到……时间完成这个项目，您看行吗？"如此变通之后，如果领导还是不能接受，甚至真的对我们产生不好的看法，那就是他的问题了。

再如，我们必须到办公室和同事一起完成某项工作，如果确实不愿意过去加班，那也可以帮领导寻找其他解决方案："我这个周末确实不方便过去，但……或许可以，他虽然……但肯定也可以完成这项工作。"对领导来说，能解决问题就行了，他最关心的并不是谁加班。但这个替代方案还有一个问题，就是涉及第三方。我们不能直接让领导找某个人，这就有点坑人的意思了。所以，更好的方式是我们先征求某个人的意见，把实情告诉他，请他帮一下忙。如此一来，领导解决了问题，我们拒绝了领导，而第三方收获了和我们的交情，这至少是各方都可以接受的局面。

一般来说，无论安排或要求合不合理，拒绝领导都是很典型的困难沟通场景。上面几个拒绝步骤只是最基本的应对方法。大家一方面要灵活掌握；另一方面要做好面对困难的准备，针对不同的情况采取不同的应对策略。上面讲的是如何拒绝领导在工作范围内的不合理安排，接下来我们讲讲如何拒绝非工作范围的事情。既然是非工作范围的安排，肯定是不合理的，我们要考虑的是如何拒绝才能既达到自己的目的，又不得罪领导。

最根本的策略是不能开头。

要拒绝和工作无关、自己又不想做的事情，最困难的是第一次。如果我们第一次没有守住底线，那后面就很难改变了。既然事情已经发生，领导就知道这事有可商量的余地。如果我们第一次能坚决地拒绝，识趣一点的领导就不会再提这件事。

例如，领导希望我们陪客户吃饭应酬。这件事和工作有间接的关联，但显然不在职责范围之内。如果我们不愿意通过这种方式获取订单，那开始时一定要坚决拒绝。一旦我们第一次去了，后面很可能被三番五次地安排应酬。

如果有的朋友已经不幸开了头，又不想继续，也不是全无办法，基本上还是要采取"委婉＋变通"的方法。一方面，你要向领导解释，如最近医生给了你什么警告，或者家里出现了什么特殊情况，只要理由充分、态度坚决、用词婉转，一般可以得到领导的谅解。另一方面，你还要想办法变通，保证工作效果。例如，你可以跟领导讲清楚你已经做了……安排，有把握拿到这个客户的订单，而且对客户做了……解释，自己不去并不至于造成尴尬。

接下来，我分享一下如何在开始时就能"委婉＋变通"地将这种不合理的要求拒之千里之外。

拒绝方法一：让领导选择。

例如，我们在办公室负责文件整理，但有一天领导突然说他家孩子需要一款个人电脑，要求是……孩子着急用，请我们采购。其实，这时候我们首先要做出判断，这的确是领导的私事，我们是借此机会和领导建立私人关系，还是不要开始，以防将来没完没了地因为对方的私事影响自己的工作。这里假设我们选择后者。

这时候我们可以让领导自己选择："领导，我还没整理完您明天要用的那个总结报告，正在分析几个非常关键的数据，估计今天晚上要加班。我也不是很懂电脑配置方面的事，您看我是放下手头的这个报告去采购，还是您先安排别人购买电脑？"

完成报告是分内的事，但会直接影响领导的其他安排；买电脑是分外的事，会占用我们的工作时间。我们让领导自己选择，他自然明白孰轻孰重，我们也就可以解脱出来。

拒绝方法二："我想一想"。

有时候，面对领导安排的不合理任务，特别是在公开场合当着其他同事的面安排的任务，我们不要立即拒绝，可以选择缓一缓："这件事有点重大，感谢您的信任，我要回去想一想。"这既可以展示我们慎重对待此事的态度，也可以留下时间让领导自己"想一想"这样的安排是否合适。

例如，我们本来是生产部门的人，正在自己的岗位上忙得不可开交，领导却要抽调我们帮营销部门写营销方案。"想一想"之后，我们可以这样说。

"第一，我感觉这件事很重要，感谢您对我的信任。这件事虽然是由营销部门负责的，但在业绩压力这么大的情况下，确实应该强调全员营销。"

"第二，正因为这件事重要，我才不敢答应。我一直做产品，在营销方面没什么经验，我担心自己胜任不了。如果我做不好，不仅影响咱们整个部门的形象，还影响全公司的业绩。"

"第三，您看能不能在部门里找一个更专业的人做这件事？我可以做一些辅助性的工作，如出出主意、一起头脑风暴。"

首先，我们没有直接拒绝，更没有公开拒绝；其次，我们提出了可替代的方案；最后，我们没有完全抽身出来，而是愿意参与头脑风暴。这时候，明智的领导应该可以明白我们的想法，找到更合适的替代方案。但是请注意，在给出最终的"决定"之前，"想一想"的过程很重要。

拒绝方法三："为了您好"。

有的领导确实喜欢给员工安排一些完全和工作没有关系的任务。我有个学员上大学的时候理科成绩特别好，属于学霸。领导知道后就提了一个请求，问他能不能给自己家孩子辅导一下数学、物理和化学。结果他辅导了3个月。在这3个月里，他搭上下班后的时间给孩子补习，但是孩子的成绩没有明显的提高，他自己的业余时间也没有了。他十分痛苦，痛苦是肯定的，因为他刚开始就应该拒绝。怎么拒绝呢？我给大家总结了一个公式：暗示＋示弱＋"为您着想"。

暗示就是通过各种闲聊暗示不能这样做。例如，我们可以说："上次到咱们办公室来的那个小朋友太聪明了，知识面也宽。当时我还考了他几道题，他比我当年强多了。"这表面是在夸领导的孩子厉害，实际上是在暗示自己教不了。

接下来是示弱。简单地说，就是强调自己不行，干不了这事："现在的小孩做的题都太灵活了，题目考察的重点和原来不一样了。我过年回家时，小侄子问了我两道初中一年级的数学题，我都没做出来。"这表面上是在说自己水平不行，实际上还是在暗示自己教不了。

最后是"为您着想"："您还是要找更专业的人。我有个同学，在某个名校里当老师。他们学校好多学生出来兼职做家教，据说培训效果特别好。我让他针对不同学科给您介绍几个专业的老师，价格也便宜。"

说到这里，我们做好了铺垫，也给出了方案，领导至少要答应试一试吧。即使他不愿意找别人辅导，至少也能知道不要指望我们做这件事了。

拒绝领导之所以难，是因为得罪领导的代价更高。其实，拒绝同事甚至下属也是一样的道理，我们都要考虑拒绝会不会伤害彼此的关系。同时，我们不要想着有完美的方案，既能拒绝对方，又能让对方完全满意，这是不可能的。任何人被别人拒绝都会有失落感。只要我们的理由合理，而对方的要求不合理，再加上我们委婉的态度和给出的替代方案，我们和对方的关系就不至于出现大的裂缝。

领导，请指示

我们跟领导打交道时，请示和汇报是基本的动作。这两个词也经常被大家放在一起使用。其实，请示和汇报这两个动作还是有一些区别的。

请示是什么？简单地说，请示就是我们遇到问题或需要做权限内不能做的决定时，要得到上级的批示，要得到领导的明确指示。请示的核心目标是获得领导的指示，正所谓"请指示"。

汇报是什么？汇报就是"汇总之后报告"，也就是把工作情况总结出来报告给领导。汇报可能发生在项目的最后，也可能发生在项目进行的过程中。领导在听汇报的过程中也可能给出一些指示。但汇报的核心目标是让领导对我们的工作知情。

接下来，我用两节内容分别说一说如何把请示和汇报这两个动作做好。

对于请示，我首先要强调的是，为了减少后期的麻烦，大家一定要提高请示意识。有些朋友想当然地认为，既然领导没找我，我就不要总去请示和给领导添麻烦了。很多时候这种想法是错的，反而会给自己带来一些麻烦。有些朋友的工作干得不错，却总是得不到重用，很可能就是因为请示不到位。

我曾经见过一个非常典型的案例。在一家公司里，有个老员工从公司创立时就跟着领导了，一干就是十几年。这样的创业元老按理说应该得到重用和提拔，但是他始终待在开始时的位置，十几年如一日，没什么进步。他就是一个不善于沟通、很多时候不愿意找领导请示的人。

有一天晚上他值班，结果工厂的机器出现了一些故障，次品率明显比平时高。这应该是比较重大的问题了，一般人会选择找领导请示，可他没有这样做。当时，他看了一下时间，晚上10点多了。其实也不是很晚，对不对？他心想，哎呀，这么晚了，要不先别打扰领导了，我再观察一下，看看接下来情况会不会好转。到了后半夜，情况确实好了一些，次品率有所下降，他就暗暗高兴，心想，幸亏我没有打扰领导休息。

但是第二天，领导来了一看，劈头盖脸地痛骂道："出了这么大的问题，你为什么不及时向我请示？你根本不懂具体的生产原理，如果后续情况更严重，机器彻底损坏，你知道会给公司带来多么大的损失吗？就算情况没有恶化，你知道这么多次品会损失多少材料吗？昨天晚上我们就应该及时停工排查问题。"

接下来，领导还跟他说了一番话："你知道为什么这么多年我就是不提拔你吗？因为我都不知道你每天在想什么，也不知道你每天在干什么，不知道你的心究竟在哪里。"这番话完全出乎他的意料，他以为自己一直兢兢业业、踏踏实实地埋头苦干，领导肯定会信任他、了解他、支持他，没想到情况完全相反。

其实，他被领导批评一点也不亏。根本原因在于他不了解问题的根源，无法判断问题有多严重。既然已经出现了明显的异常，他就应该尽快向领导反映。而他自己和领导对他工作的认知偏差也和他总是不敢找领导请示和汇报有关。

员工不请示、不沟通，而工作又存在问题，这在领导看来大概有两种情况。第一种情况是员工没什么说的，而没什么说的是因为员工态度不积极，不能主动发现问题，没有什么好的想法或建议，那就说明员工的能力一般。第二种情况是员工不想说，不想说可能是员工对领导有意见，或者可能是觉得找领导请示也没什么帮助，那就代表他看不上领导。

也就是说，如果员工工作有问题，又不敢请示，我们觉得这是对领导的体谅，不想给领导添麻烦，但领导可能有别的想法。除非我们的工作没问题，否则只要出现问题，领导一定会往坏的方面想。

我们再看一个非常典型的例子。有位员工在部门里负责盖章的工作，领导对他比较信任，对他的要求：第一，每一次盖章都要认真记录；第二，遇到重要的文件记得向上请示，确认之后再盖章。一直以来，他的工作都没什么问题。但是有一天，另一个部门（生产部门）的领导跑过来，表示有一件事需要营销部门配合，给我盖个章。这个人一看生产部门的领导都亲自来了，而且盖章是很简单的一件事，自己以前也给他们盖过章，心想就别再大费周折地找自己的领导请示了，尽快盖了吧。

结果这件事过后，领导对他的态度明显转变了，总是不冷不热。后来，他实在干得难受，就离开了这个部门。最后跟领导一起吃饭时，领导跟他说了一番话："你知道为什么我后来跟你的接触比较少吗？你应该也感觉到了，我对你的态度有些冷淡，就是因为当初你私自盖章那件事。如果你向我请示，我肯定也会同意的。但是，我不会当时就同意，而是会拖一拖。那时候咱们部门承担的工作非常多，你直接给对方盖了章，就意味着我们马上要配合生产部门的工作，这样整个部门都很被动。你没有经过我的允许，擅自盖了这个章，我心里很不舒服。而且，我确实也没法向部门的其他人交代。这是一件小事，但也是一件大事。"

这个案例很好地说明了请示的重要性。有时候，我们站在自己的角度，觉得已经思考得很全面了。但是，由于我们的高度不够，掌握的信息不够，所做的决定很有可能是错误的。找领导请示一下虽然会耽误一点时间，但至少不会给自己、部门和领导带来这么大的麻烦。

通过这个案例，我想告诉大家的第二点是有的时候该走的形式必须走。任何一个形式上的要求，背后都是血泪教训，只不过很多后来人体会不到罢了。

那在实际的工作场景中，哪些情况需要向上级请示呢？我总结了三种必须请示的情况。

对于突发情况，我们必须请示。如果工作一切如常，我们当然没有必要打扰领导。但如果出现了突发情况，特别是我们粗略判断之下完全搞不清眉目的情况，一定要及时请示领导后再做处理。大家不要犹豫，不要害怕，不要嫌麻烦，不要觉得不好意思打扰领导。

对于超出个人职权的情况，我们必须请示。如果我们所在的是一个执行岗位，需要其他部门的人配合某项工作，或者其他部门的人会找我们做某个决定，我们就必须请示领导。能不能做这件事？在流程上应该如何推进？既然是我们无权决定的事，那我们当然要请示有权决定的人。

例如，你向领导提交一个工作方案，但还没有得到领导的批示。你跟大家说："我这个方案肯定能通过，咱们先做起来吧，这样更有效率。"这看似是为了提高工作效率，但并不合适，因为超出了你的职权范围。此外，对于一些跨部门的合作或跨级别的汇报，我们一定要先向直接领导请示。

我早年就犯过这样一个错误。我当时负责一个项目，那个项目的总负责人并不是我的直接领导，而是更上层的大领导。有一天，大领导找我过去谈话，了解项目的进展。我当时比较年轻，没有想那么多，就直接去了大领导的办公室。你说巧不巧？在我跟大领导汇报的时候，我的直接领导敲门进来了。我们三个人大眼瞪小眼，当时都愣了一下。然后，大领导跟我的直接领导说你先回去吧，我们这边还没谈完，等会儿我再找你。我的直接领导特别尴尬，就退出去了。

当时虽然我很年轻，但也发现了问题。我出来后直接去找直接领导。我说："领导，不好意思，刚才大领导直接给我发了信息，让我去找他谈一下，所以我没跟您打招呼。我跟您汇报一下刚才我们主要谈了……我给他做了一个……汇报。"当时，我急得满头汗，只想向他说清楚这件事，让他减少一些猜忌。这件事给我留下了非常深刻的印象，所以我要提醒大家，对于越级汇报这件事，一定要提前请示直接领导。

对于领导特别重视的项目，我们必须请示。如果我们最近正在推进的工作或项目是领导非常看重的，那么在各个重要的节点或项目出现重大变化的时刻，我们都要找领导请示。第一，要让领导明白我们很重视他重视的事情。第二，要让领导随时了解项目进展，回应他的关切。第三，要结合领导的反馈不断调整，让每一次的"下一步"都能踩到点上。

把握住上面三种情况，对于到底什么时候该找领导请示，大家就可以自行变通了。最后，关于如何更好地完成请示，我再给大家三个提醒。

第一个提醒：要提前做好准备。我们找领导请示工作时，一定要提前做好准备，不能在搞不清楚状况时随随便便地带着一个问题就去了，然后等领导给一个痛快话。这时候领导能痛快地给出明确的指示吗？这样的请示实际上暴露了我们不认真的态度或能力的短板。所以，大家请示时一定不要着急，要围绕请示事项想一想领导可能会提出哪些问题，可能需要什么资料，做好充足的准备再去敲领导的门。

第二个提醒：一定要带着方案。请示不是为了让领导帮忙，领导不负责回答"怎么办"，只需要回答"行不行"。分析情况、梳理思路、拿出方案，这些都属于请示前的准备工作。领导需要做的是认可、反对或补充。所以，在敲开领导的门之前，我们一定记得带着方案、思路和想法。

第三个提醒：记得在事后确认。请示后，我们记得确认，通过文字确认领导的所有批示和要求，编辑文字并用邮件或信息的形式发给领导："我这样理解对吗？"这样做可以保证我们的理解没有偏差。同时，我们可以借此机会重新梳理思路，再做一些完善和补充。

场景 12

报告领导

　　每个人都想和领导处好关系，但不同的人有不同的方式。有的人选择溜须拍马，用谄媚的手段获得领导的好感；有的人选择靠自己的实力，通过为团队带来贡献征服领导的心。如果我们把这两种情况看作极端情况，那么改善和领导的沟通就是和领导处好关系的中间手段。而在和领导沟通的过程中，请示和汇报又要占相当大的比例。

　　所谓"汇报"，不是指把日常工作堆在一起放到领导面前，那就成了流水账。汇报啰里啰唆指向了多种情况：第一，你的表达能力不行；第二，你的情商不高，不知道在什么场合应该进行什么样的表达，只会自说自话；第三，你不能把握工作重点，从更深层次上看是你缺乏判断力……这些情况都会给你减分。如果我继续罗列，有些朋友的汇报可能会减到负分。好在大部分领导不会这么干，领导往往听不了多久就会打断你。如此一来，或许又有朋友会抱怨，领导缺乏耐心、不够专注。

我采访过上千位领导，这里想讲一下，为什么领导们普遍"缺乏耐心"？为什么他们"不够专注"？有一位领导在采访间隙和我闲聊，他说："你知道吗？过去这一周有116个人来向我汇报工作。如果每个人每次进来跟我汇报10分钟，我平均每天大概需要花费3小时52分钟。这意味着，如果我每天工作8小时，有一半的时间都在听汇报。你能说我没有耐心？你能说我不够专注？"

虽然没有这么夸张，但领导的大致情况是一样的。他们有自己的工作内容，也有需要耗费精力的难点。如果我们的汇报不能抓住重点，不能让他快速领会重点，那就是对他工作精力的盘剥。

要想抓住汇报的重点，我们首先要理解汇报的功能。简单地说，工作中的汇报有三个功能：第一，展示自我；

第二，获取信息；第三，拉近距离。

展示自我当然会包含自己干了什么，但我们要挑重点说。因为相较于其他方面，领导可能最清楚我们干了什么。除此之外，我们还要说明自己的收获、感受、思考和总结。这可以让领导知道我们除此之外还干了什么，让他了解我们的潜力，以及工作过程中的隐性付出。

获取信息是指在向领导汇报工作的时候，我们要注意观察他有什么反馈，他对我们及我们的工作是什么态度，他更看重哪一方面，反复提问了工作中的哪个细节，以及对哪些方面不够满意等。我们不仅要关注他的语言，还要留意他的表情、神态和动作。这有助于我们下一步和领导合作，以及抓住工作重点。我们与其天天坐在那里揣摩领导的想法，不如趁着当面汇报的时候仔细观察。在现场获得的关键信息越多，我们越能做出准确的判断，也就越能掌握主动权。

拉近距离是指拉近我们和领导的距离，加深彼此的了解。在汇报工作的时候，我们要注意展现自己的共情能力，理解团队的需求，体谅领导的立场，还可以加入一些适合现场请教的话题，让领导知道我们对他的尊重、信任和依赖。我们还要有表态：我支持您的工作，我愿意努力好好工作。总之，大家要通过各种方法，努力赢得领导的信任，拉近彼此的情感距离。

我们理解了汇报在职场沟通中的功能后，自然可以知道每次的汇报应该包含哪些内容，各个部分应该占多大的比例。我们该如何组织汇报内容呢？这就要看汇报的具体场景了。提前通知，约定好时间、场地、听众和大致内容的汇报是正式汇报。在电梯里碰到领导，他随口问起你最近的工作进度，或者你正好有重要的进展想和他说一说，那你可以花一两分钟时间做一场汇报，这是非正式汇报。对于正式汇报，我们可以准备演讲稿和PPT，可以自己规划重点，设计起承转合的方式。但在非正式的场合，时间不多，领导能关注的事情不多，我们要挑领导最关心或我们最看重的话题做汇报。我给大家三个公式，让大家学会针对不同的场景组织汇报内容。

第一个公式针对相对简单、可以快速解决的问题：事情 + 方案 + 请示或提醒。

如果事情不是很复杂，我们就应该开门见山，先把具体情况说清楚。例如，我们要跟领导汇报最新的工作进展，可以这么说："和 A 公司的合作，目前已经进行到合同审议这一步了。"这是在交代前情，那需要汇报的情况是什么呢？"法务部门针对合同提出了三个改进意见，主要是针对违约方面的。"这是事情的最新进展。到这里，领导的思维就有了锚定点，知道我们找他到底是要干什么。

接下来是自己的工作方案："我们已经对法务部门的意见做了研判，提出了两个可能的方案，我马上发给您。"最后是提醒："您周四晚之前回复我就可以。"如果事情很简单，我们就不要拖泥带水，用几句话把什么事情、我们做了什么，以及需要领导做什么说清楚就行了。

再如，最近单位里的同事对排班情况有很大的意见，有些人不愿意配合，已经发生了好几次矛盾。这样的事也很简单，我们可以用几句话说清楚："关于员工的排班，原来的方案存在不合理的情况，已经引发了矛盾。我调研并征求同事的意见后提出了新的方案，您看看是否合适？这个方案最好本周定下来。"

大家可以结合工作中的实际情况反复应用这个公式，提高自己汇报时的表达能力。

第二个公式针对复杂、需要全面分析的问题：重要性或严重性＋背景与当前情况＋方案与利弊分析＋请示或提醒。

例如，某个项目现在遇到一些问题，已经严重影响了营销数据。因为这件事比较复杂，整个汇报过程中需要讲的话比较多，所以我们刚开始一定要突出重要性或问题的严重性，这样才能抓住领导的注意力。接下来，我们就要说具体的背景和情况了："之前 A 公司答应给我们提供营销服务，但是现在反悔了，而我们部门又没有这样的专业人才。"这依然是背景，当前的情况是各个产品线的营销毫无章法，原有的方案不适用，又没有人能提出可行的新方案。第三句是行动方案＋利弊分析："我考虑了两套方案。一是可以外包给 B 公司，这样做的好处是质量有保证，但是需要一些资金支持；二是请广告部门在最近三个月内协助我们做营销工作，但这可能需要您出面协调，而且也只是权宜之计，三个月后我们还会面临新的困难。"我们给出了两套行动方案，并且都快速分析了利弊。接下来，领导要做的只是选择，不需要从零开始构思解决方案。最后是请示："请您看一下现在应该怎么操作，我马上执行。"

对于已经想办法克服了困难、事后需要汇报的情况，我们也可以应用上述两个公式，只不过要把最后一部分的请示或提醒换成能体现思考的总结。

第三个公式针对已经完成的重大工作：主题 + 结果与重要数据 + 复盘反思或建议 + 请教或求助。

这个公式主要适用于比较正式的汇报，既适用于口头汇报，也适用于书面汇报，只不过后者更丰富、更严谨一些。在使用这个公式的时候，我们要根据汇报对象、场景、时长的不同来灵活调整。

例如，当我们汇报一个已经完成的项目时，第一句话应该包含本次汇报的主题："今天我给各位领导汇报一下A项目的完成情况。"

接下来要说的是结果与重要数据："我们五个部门一共有40名员工，经过三个月的努力，在……的带领下完成了过去需要半年时间才能完成的工作。"或者"我们花费了……小时，完成了……任务，工作效率比过去提升了一倍，业绩翻了一番。"为什么要有数据？因为要拿事实说话，只有数据上的比较才能体现出我们的成绩和水平。而且，数据是客观的，在这种总结性的汇报中很有说服力。

我们展示成果后，还要展示人。接下来是复盘反思或建议："通过做这个项目，我们部门总结了以下几条经验……"记住，经验不要超过三条，我们拣最重要的三条说就行，说得太多显得啰唆，别人也记不住。然后，我们要说发现的问题，问题同样不要超过三个。复盘反思代表我们在思考，这种汇报正是展现团队能力的好机会。当然，只有复盘反思还不够，还要有解决方案，我们可以在汇报中提出几个改进的建议或设想。

最后是请教或求助，这是为了给部门争取更多的资源和支持。

对于已经结束的工作，这样的总结是比较全面的，而且重点也很突出。这种汇报也有助于领导向他的上级汇报，他可以从我们的汇报中提取重点数据和核心逻辑。这是我分享的汇报工作的三个公式，大家可以在工作中多多练习。但在具体的使用过程中，大家要灵活地变通，我不可能列举出所有的情况。

最后，为了避免失误，我再总结一下汇报时的五个禁忌。

汇报禁忌一：挤牙膏。有的朋友在做工作汇报时属于领导问一句、他说一句的情况，这样非常不好。第一，这说明他的逻辑和语言组织能力不行；第二，这说明他很怯场，抗压能力不足。如果我们给领导留下这样的印象，这场汇报就得不偿失了。

当然，不能挤牙膏也不意味着我们要像开了机关枪一样，恨不得把稿子赶紧念完。大家要注意适当停顿，尤其是在一些比较关键的地方停顿一下，看看领导的反应，和他有一个眼神交流。如果他没有什么示意，我们再继续说。如果他要提问题，我们就停下来跟他交流。最后讲完时，我们要用一句话为汇报画上句号，然后让领导继续发言。

汇报禁忌二：贬低别人。特别是在跟领导一对一汇报工作的时候，我们千万不要贬低别人、抬高自己。有些朋友可能没想那么多，不是故意要贬低别人，觉得自己只是如实地向领导反映了情况，但在私下的场合指摘别人本质上就是打小报告。

领导可能不会当面说什么，但我们在他心里的形象会打折扣。真正聪明的人要不吝啬地赞美别人，在一对一的汇报中适当夸一夸别人反而会让领导对我们高看一眼，也会给自己的未来打下很好的基础。例如，等别人再来说我们坏话时，领导可能会想起来：那个人的人品不错啊，上次还在我这里夸你呢，你竟然说人家坏话！面对别人的不足，我们要看得长远一些，不要做那些踩低别人的事，这对自己非常不利。

汇报禁忌三：报喜不报忧。领导之所以要听汇报，是因为要全面地了解情况，对下属的工作有所监督。有些人遇到问题不汇报无非是担心领导的批评，寄希望于在领导不知情的情况下蒙混过去。但真出现了问题，这些人是要承担责任的。即使最后没有出现问题，领导通过其他渠道了解情况以后，对这些人的信任也会大打折扣。所以，我们必须正确面对工作中的问题，不要报喜不报忧。

汇报禁忌四：小题大做。真正聪明的做法是在完成领导布置的工作时要小题大做，在领导面前汇报时要大题小做。对于领导安排的任务，我们宁愿小题大做、重视过头，也不要有所轻视。但是，找领导做汇报的情况正相反，即使特别大的事情，我们也要尽量云淡风轻地一带而过。领导看在眼里会觉得：这个人不简单啊，付出了那么多，不仅没有主动邀功，连话都没有多说。不过，这也要有个度，不是所有的事情都适合在领导面前一带而过的。一个简单的判断标准是这些工作平时能不能被领导看到。如果领导能看到，我们就不要多说。如果领导看不到，那我们还是要提一提的，让领导知道我们都做了什么。

汇报禁忌五：光说不听。汇报的功能之一就是获取信息，所以在汇报的过程中我们要跟领导交流，看看他的反应和态度。如果我们只是埋头读自己的稿子，很容易错过重要的信息。我给大家一个建议，在做一些重要、比较正式的汇报时拿上笔和本，或者带上笔记本电脑——在会场里坐着的时候，不要一直用手机记录，因为领导很难判断我们是不是在玩手机。虽然这看起来只是一个很小的细节，但领导不就是根据各种细节来考察人的吗？我们在他面前把相关指示记录下来并整理好，正好可以展示出良好的工作态度和工作习惯。这种细节是可以为大家加分的。

关于如何汇报工作，以上就是我想分享给大家的内容。本节讲的都是基本的方法和思维方式，大家一定要熟练掌握，在此基础上灵活地应用和实践。

场景 13

我有一个工作交给你

很多刚步入管理层的人缺乏信心，觉得自己的气场太弱，镇不住下属；或者担忧管理技能过于复杂，自己不能完全掌握。其实，组织看重的是业绩，领导看重的是成果，成果和业绩是行为产生的结果。说到底，想要提升成果，管理者要管的是员工的行为。虽然态度对行为表现有直接的影响，但从心理和性格入手学习并试图改变一个人是非常漫长的过程。新手管理者如果能掌握三个主要的沟通技巧，不管员工性格如何，都可以获得良好的沟通效果。接下来的三节，我将跟大家分享三个主要的沟通技巧：布置工作要学会教；激发潜力要学会夸；要正确地批评，不要任性地发泄。

教不是告诉对方该怎么做，而是要引导对方做出我们期待的行为。教的前提是彼此信任，不引发对方心理上的防御和排斥。

我曾经带过一个学员，她的业务能力很强，为人也非常仗义。但是自从她走上管理岗位，始终和下属处不好关系，遭遇下属的"消极合作"，工作成果不理想。她的问题就是说话太直，沟通风格太硬，和下属产生隔阂，导致下属工作比较懈怠。例如，她安排下属做PPT，看完的第一句话："你做的什么玩意儿？太难看了，没法用！"在布置任务时，如果下属没理解，她会脱口而出："和你沟通太难了！"她没能做到让下属自我反省和优化，反而得到很多"我不行，我做不了"或"我尽力了，要不您找别人"的回复。一方面，她的表达总是以否定开始，导致下属在情绪上出现抵触和排斥；另一方面，由于她不理解"教"的核心，没能给出明确的指引和有效的指点，对方还是不了解该怎么做，以及做到什么程度才符合要求。失败的沟通带来了下属的消极合作。正确的"教"要做到以下三点。

第一，交代工作内容的同时也要交代工作意义。如果我们不讲明工作的意义，下属很难理解工作的重要性，也很难积极工作。相关信息越多，下属对任务的理解越深，思路也会更清晰。

以上面做 PPT 的事情为例，如果我们只是说"你总结一下这个项目，做个 PPT，我要汇报"，那么下属的理解可能只是完成我们交代的这个任务，帮我们打个下手。如果我们在分配任务的时候说："你总结一下完成项目的过程，做个 PPT，我要在公司大会上向领导和股东汇报。这关系到我们部门能否成为下个重点项目的主负责方，对于明年的发展至关重要。你对工作的了解很全面，你来做非常合适，有问题随时和我沟通……"这样说不仅表达出这个 PPT 与他未来的工作发展有关，也展示出我们对他能力的认可和信任，还给了他从全局思考的启发，一举三得。

第二，表达要求要具体化，减少抽象的描述。很多管理者在提出工作要求时会使用很多抽象的描述，如"认真完成""尽早解决""弄好看点"……如果我们面对的是有合作默契的下属，这种语言或许可以。但对于需要培养的新人或刚合作不久的下属，这些就是"没用的废话"。一方面，这会让下属因为缺乏标准而陷入迷茫；另一方面，这会给下属留下"领导自己都没想清楚"的印象，导致下属质疑管理者的水平和能力。

什么是具体化？就是可测量、可观察、可信赖、明确的标准。行为分析学在定义"行为"时使用了"MORS法则"。

可测量（Measurable）：可以用数字表示，可以计算。

可观察（Observable）：任何人都能看出的状态。

可信赖（Reliable）：任何人都可以辨识出来，行为的判断标准具有唯一性。

明确的（Specific）：清晰明了，不引发错误的联想。

例如，"认真完成"具体化之后是"我们要做到三层检验，每位检验人员要检查核心指标并登记备案，每周统筹复盘并形成改进方案"。

"尽早解决"可以表达为"周一早上开例会时按客户提出的要求逐条回复，并给出操作建议"。

"弄好看点"可以是"排版上保留上一次的方案，色调上用蓝白主题"。

如果我们能把要求分解并按上述方式表述，就更容易获得想要的结果，减少由沟通不足带来的返工，也可以更客观地评价员工的表现。另外要特别说明的是清晰的任务安排不宜过多，每次最好不要超过三件事，这样更有利于员工接收、理解及执行到位。

第三，确认目标对齐，避免"以为懂了"。马东说过"被误解是表达者的宿命"，这其实就是指沟通中难以避免的信息损耗。说话者把想法变为语言，再传递给接收者，接收者获得的信息可能只有最初的 20%，这也被称为"沟通漏斗效应"。所以，要想提高沟通效率，最好的方式就是"重复确认"。

我在做管理者布置任务时就有"确认"的意识，会询问下属："你理解了吗？我说清楚了吗？"即便如此，我在看到工作结果时还经常会被"震惊到"，甚至怀疑是不是下属工作态度恶劣，故意不配合我。后来我发现，在判断下属的工作态度之前，我们一定要排除由"沟通漏斗效应"带来的误解。有时候我们以为对方懂了，对方又不敢说不懂，这些都会导致不理想的结果。

在"重复确认"时，我们可以这么说：

- "请你也讲一下，你是怎么理解这个项目的目标的？"
- "我刚才讲了我的思路，你能不能说一下接下来你会分几步做？"
- "对于我刚才说的时间节点和重点工作，你有什么疑问或困难吗？在……方面你打算如何做？"

有的人可能感觉这种表达很麻烦，但是"教"的意义就是通过有效的沟通帮助下属逐渐形成稳定的工作表现。当我们养成这样的沟通习惯时，会减少很多因为低质量沟通而带来的麻烦。

你这事做得真不错

很多管理者不擅长称赞下属，认为口头的认可不重要，或者不知如何表达才能既有威严又能起到激励作用。实际上，称赞的底层逻辑就是用正反馈强化对方的正确行为，以带来持续的优秀表现和结果。

人类的行为有一个 ABC 模式。

A （Antecedent）：前提条件（目的动机）。

B （Behavior）：言行举止。

C （Consequence）：行为结果。

这个模式揭示了人们的行为特点，ABC 之间有明确的因果关系。为了目的 A，人们会进行 B，然后得到结果 C。

如果结果 C 是符合预期的，有正向的反馈，人们会继续有动机 A 去重复 B，持续的正向反馈就会带来重复的行为和良好的结果。

例如，你不敢当众演讲，但是领导安排你上台讲话，你推辞不了，这就形成了演讲这个行为的前提条件 A。然后，你精心准备、刻苦练习，在演讲时发挥出色，这是你的行为 B。由于发挥出色，你得到了听众的热烈掌声和领导的肯定，这是结果 C。这个结果可能会打破你对演讲的恐惧，甚至让你获得一种成就感，这又形成了动机 A，那么你大概率还会参加这样的活动。

称赞下属就是在结果 C 的基础上给予正向的反馈，让下属有动力 A，进而强化行为 B。那么，怎么称赞才能既显得真诚得体，又能起到这个作用呢？我们不要在夸人上下功夫，而要在夸行为上下功夫！

例如，"你真的太优秀了，太智慧了，太能干了"这类对人的夸奖虽然有激励的作用，但并不能让对方意识到哪些是可复制、可持续地获得正向反馈的做法，有时甚至会让人感到虚伪。如果我们把称赞聚焦到具体的行为上，比如"你在资料中补充的案例非常到位，很有效地展示了我们的主张，以后的稿件都应该有这部分内容"或者"你设计的那个操作流程非常有效，我们在管理上非常需要更多的尝试和创新，如果你有想法就大胆地提出来，公司会积极支持的"。这类称赞不仅可以非常明确地强化对方的具体行为，带来积极的结果，还避免了夸人的尴尬感和虚假感。

场景 15

是批评，而不是发泄

　　有一句话叫愤怒往往来自自己的无能。当我们的愿望和现实产生了落差，而我们又无法改变现状时，就会产生愤怒的情绪。所以，我们和下属表达愤怒是没有意义的，只会暴露不稳定的情绪，让下属感觉领导也没办法了。

　　批评是什么？批评应该是在对方必须改变行为的时候给出明确的提示和要求，而不是因为不满意已经产生的结果而随意发泄情绪。错误的批评非常容易被认为是人身攻击和发泄情绪，正确的批评有三个重点。

第一，说事不说人，不评价人格，不进行对比。

诸如"这么多人就你不行，我就没见过你这么笨的人，你是不是故意的……"这种表达就属于人身攻击，不仅不能解决问题，还会伤害别人的自尊，导致双方信任崩塌、关系破裂，对管理者的口碑和今后的合作都有负面的影响。

第二，避免抽象的表达，给出具体准确的指令。

我们要把对方"该做没有做到的，不该做但是做了的"行为指出，并且给出改变行为的方法和目标。

像"这篇文章写得真差，太'假大空'了"这种批评不能让对方准确地理解问题在哪里，他该朝哪个方向改。每个人的标准不一样，你认为的"假大空"和他认为的"假大空"很可能就不一样。说概念是造成误解的原因之一。有效的批评可以是"你的这篇文章没有数据，全都停留在概念上了。你要结合咱们行业的……资料和……排名补充相应的数据来支持你的主张，这样才更有说服力。"这种批评对行为调整才有指导作用，并且对方会把这种批评看作一种帮助，上下级之间就能建立更好的合作和信任关系。

第三，要讲明"改变的意义和不改的后果"，强化下属的自主纠错意识。

如果员工每次犯错都能得到上级的耐心指导，部分员工可能会产生依赖心理。为了避免这类情况发生，我们在批评时要加入错误行为会带来的不良影响和后果，以及正确行为带来的好处和意义。

例如，"这类错误不能再发生了。这个报告关系到咱们部门能否拿到相应的预算，以及能否开展后续的业务。一旦数据出现错误，整个部门的专业性就会受到质疑，员工下个季度的整体收入都会受到影响。如果你在执行过程中遇到困难，需要指导和帮助，可以提出来，我们共同解决。类似的问题再发生，我要重新考虑你是否能胜任目前的岗位……"

再如，"你按照我的建议改进和提升后会获得非常重要的经验。这对你实现自己的职业目标很重要。虽然过程会有些艰难，但是一旦熟练掌握，你会在接下来的工作中得心应手，并且获得很多行业交流的机会，积累有价值的合作资源……"

　　场景实践篇的 15 个场景是职场沟通中常见的困难场景，我给的方法只是希望作为大家行动的参考。沟通没有标准答案。希望大家一定不要背诵，而要理解参考答案背后的逻辑，把方法或话术变成自己的语言。在沟通中，语言文字信息只占 7%，语音语调占 38%，肢体语言占 55%。所以，大家千万不要觉得说话内容本身决定了沟通的全部效果，一定要在充分理解内容后自然得体地表达，这样才能准确传达想法，进而达到高效沟通的目的。

后记

感谢大家看到这里，希望这本书真正能够在沟通这件事上帮助大家。能和大家通过这本书进行一场跨时空的交流，这种感觉很奇妙，我也想说点心里话。

工作是我们人生中非常重要的一段经历。仔细算算，大多数人要有 30 ~ 40 年的职场经历，这大概占据了人一生中三分之一的时间。我曾经是一个非常清高的人，不能算是不会沟通的人，但绝对算是不爱沟通的人。直到有一天，我想明白了一个问题，人为什么要工作？

普通人工作无非就是实现两个目标：生存和发展。如果生存已经不是你最担心的问题了，那么在这几十年的生命中再不实现发展这个目标，这漫长的一生似乎是有遗憾的。而发展靠什么？实话实说，普通人最大的机会来自人际关系。只有你的能力被看到、被认可，你才有可能获得人际关系。人际关系会给你带来发展的机会和资源。那怎样才能被看到、被认可呢？效率最高的方法就是高效的沟通。因为沟通涵盖三个方面：工具性、关系性和形象性。工具性是指直接传达信息，关系性就是指沟通与人际关系的紧密性，而形象性是指你的沟通水平决定了你在别人心中的位置。想明白了这些，如果你的目标是在职场实现发展，就会像我当年一样，抛弃对沟通的排斥和对人情世故的抵触，让自己的言行和发展这个目标保持一致。

这种改变真的有用吗？基于我本人和我的很多学员的改变，我负责任地告诉大家：特别有用。

我清楚地记得，我想明白这个道理是在 26 岁。从本科毕业到 26 岁的 4 年间，我一直认真工作，却感觉很茫然，好像生活一眼能看到头儿。我每天重复同样的工作，看不到任何机会和可能性。但当我想明白自己的工作目标后，我不再被动等待，而是开始积极地沟通和展示自己；我不再不好意思，而是主动争取机会，拒绝低价值的人际消耗。而机会的来临也出乎我的意料。30 岁的时候，领导鼓励并推荐我参加行业评选，我实现了曾经给自己定的终极职场发展目标——获得了中国播音主持"金话筒奖"。这个奖项属于主持人行业最高级别的奖项。当然，我不否认有运气的成分，任何成功都有，但命运的齿轮是在我想清楚的那一刻开始转动的。这也是为什么我会在这本书里先和大家分享核心认知，认知的变化才能带来行动的开始。

我的学员中也有很多这样的例子。让我印象最深刻的是一位 30 多岁的职业女性。她工作能力强、说话直率，但由于缺乏对职场环境的了解，和领导的关系搞得很僵，感觉自己进退两难。中年人都有现实的无奈和担忧，不甘心离开，不甘心让自己的努力和积累付诸东流。所以，她在遇到我之前内耗了一年。我的一句话点醒了她："领导是一个角色。你可以不喜欢这个人，你也不需要喜欢这个人，但你一定要学会和这个角色相处。如果用对抗的态度，那么损失最大的是你自己。"她看清了自己的处境，开始意识到只有放下个人情绪、理性解决问题才能拥有更多选择。对抗，只会让她把路走窄。在接下来不到一个月的时间里，她按照课程中讲的方法主动和领导沟通，增加了汇报的频次，让双方的沟通重新回到正轨。几次沟通后，领导直接表达了对她的期待，还给了她一个重要的工作机会。

最难的不是改变过程中的阻力，而是迈出第一步的阻力。为了帮助大家放心地迈出第一步，我在书的第二部分写了具体的行动指南。没有行动，结果不会改变！所以，既然大家耐心地看到了这里，一定要行动！如果想明白了却不做，你只会对自己更失望。

可能有人会说："道理都懂，但真的做不到。"说这种话的人大概是没有真正做过，或者只是浅尝辄止。技能是不可能通过看和想就掌握的，真正的懂一定来自切身体验。尤其是沟通这件事，你不可能一个人完成。你要在做的过程中观察对方的反应，体会自己的心理活动，感受气氛的变化……这些比你看到的道理更重要。

别再犹豫了，咬紧牙，挑选书里的一个技巧试一下，让现实告诉你，你可以说得很好！